6社を再生させた
プロ経営者が教える

超実践的
経営戦略メソッド

山田修
OSAMU YAMADA

日本実業出版社

まえがき

◆戦略を立てれば変えられる

この本を手にとっていただき、ありがとうございます。

おそらくあなたは会社の経営者や、幹部・部門長といった部門責任者の方だと思います。あるいは新しく部門を任されたような部長、課長の方でしょう。

そうだとしたら、この本は必ずあなたの役に立つはずです。

なぜなら、あなたは、

「今すぐ儲かる会社に変えたい」

「今すぐ会社の売上げを上げたい」

「今すぐ部門の成績を上げたい」

と思っているはずです。

しかし、こうした悩みを持った時、今までだったら業務の個別分野を変えて対応したことでしょう。たとえば「広告」「マーケティング」「営業」「採用」「企画・開発」「財務」……などといったことです。

でも、これは間違いなのです。アプローチの順番が違うし、実務ではちぐはぐなことになる。

「個別の分野から対応しても、全体的な問題が効率よく解決されることは少ない」というのが私の経営経験です。

◆戦略がなければ漂流してしまう！

私は6つの会社で計22年間にわたって社長をこなしてきました。いつもスカウトされて着任し、業績が低迷していた会社をてこ入れしてきました。

幸いそれぞれの会社で、4年ほどの在任期間中に結果を残すことができました。任されたすべての会社に関して、事前の知識や人脈などもなく、業界や業態も皆バラバラだったにもかかわらず……です。

それはひとえに、

「何をやればうまくいくのか」

を考え抜き、整理しながら経営してきたおかげだと思います。つまり経営戦略の策定が大事だったということになります。

でも、戦略の立て方など教わったことのない経営者や部門責任者の方が圧倒的に多いでしょう。それは、実践的な経営戦略をわかりやすく教える本も教師も、今までなかったからです。

経営者なら、

「金融機関から事業計画を求められたが、どう作り始めたらいいかわからない」

新しく部門責任者となったマネジャーなら、「これからは、ちゃんとした経営計画（つまり部門戦略）を考えてコトに当たれと、トップから要請された」

などと、途方に暮れている人がとても多い。

今までの経営戦略に関する本は、「戦略を立てる前の環境分析」に関するものか、知名度のある会社が実施して成功した戦略の「解説と分類」のどちらかであったと言ってよいと思います。

これら2つの段階の間にある「戦略って実際にどう立てるの？」という「戦略立案の方法」を教えてくれた本はほとんどありません（私が知らないだけかもしれませんが）。

◆すでに多くの中小企業が成果を出している方法

私はこの本で、自分が長年結果を出してきた経営方法の中でも一番有効だった、「戦略の立て方」を紹介します。また、実際に結構な業績改善を果たした、その「戦略の使い方」についてもお話しします。わかりやすくするために、私が事業展開した会社の変革の推移に沿って説明しました。企業再生の実話ですので、1つの企業ストーリーとして読んでいただいても参考になるかもしれません。

現在は、経営者としての長年の経験を活かし、中小企業を中心にコンサルティングをしています。私が当たり前のようにやってきた「戦略の作り方と使い方」の方法を教えているのですが、驚くほどの効果が上がっています。

特に真剣に仕事をしている社長さんや部長さんほど、

「何をやればよいかがわかった！」

「驚くほど売上げが上がった！」

「利益が劇的に改善した！」

「目標と手順を示せて、社員や部下のモチベーションが上がった！」

……といった報告をしてくれます。

「戦略を立てろ」とは「やり方を変えろ」ということですので、劇的な結果が出るのは当たり前なのです。

◆具体的な手順を示します！

本書では、「戦略カードとシナリオ・ライティング」という、私が整備開発したオリジナルで具体的な方法に沿って説明していきます。これにより、全社戦略や部門戦略を立てる方法を理解してもらえます。

各章で示された「戦略カードとシナリオ・ライティング」の作業手順を追っていけば、今すぐ、あなたの会社や部門で最重要な経営戦略を立てられるようになっています。

そして最終的に残った戦略カードを発表用スライドのブランク・ファイルに書き写してもらえれば「体系だった経営戦略」が形成され、そのまま社内や、資本家・金融機関などの外部に発表できるように工夫されています。なお、発表用のブランク・ファイル（テンプレート）は、この本の奥付の前のページ（３０２ページ）に示されているＵＲＬを開くと、パソコンでダウンロードすることができます。そのスライドを使った発表プレゼンテーションの仕方も本書で説明しました。

本書の手順を追えば経営者や管理職の方なら誰でも確実に、自社や自部門の経営課題を整理して、有効な経営戦略を立案することができます。

ぜひ、明日からのビジネスに役立ててください。

２０１１年７月

山田　修

Contents

6社を再生させたプロ経営者が教える
〈超実践的〉経営戦略メソッド

第2章 「戦略カード」と「シナリオ・ライティング」の手法

第3章 3年目標を出すことからスタート

第4章 直面する課題を徹底的に洗い出し、何が重要なものか決める

第5章
「有効な解決策」を思いつくことが戦略だ

第6章 戦略を実行すると必ず起こる問題に、どう対処するか

第7章 作った戦略を発表し、共有する

第8章 戦略を実際に動かすのは誰か

装丁／デジカル（萩原弦一郎）
本文組版／一企画

第 1 章

6社を再生させてわかった、経営のコツ

1 会社経営には、やり方がある

この本で私は、「経営戦略の立て方」について説明します。「戦略カードとシナリオ・ライティング」という私が創案した技法のステップを順に踏んでいけば、経営者や幹部の方ならばご自分が持っていた（漠然と、でもよいのです）「全社戦略」や「部門戦略」を形にすることができます。そしてそれをもとに、各部門が実際の事業活動に活かすことができます。

でもその前に、私がなぜ「経営戦略」に興味を持ち、経営者や幹部の方たちがそれを立案するための方法を模索するようになったかを書いておこうと思います。

◆考え抜いてたどり着いた、成功の鉄則

そもそも私自身が「経営戦略」を最も必要とする人間だった、ということがあります。

私は37歳の時にはじめて経営者になりました。イギリス系外資のポントデータ・ジャパン社

という会社の社長にスカウトされたのです。それから59歳で実業を引退するまで、6つの会社で社長を引き受けてきました。

これら6つの会社のすべてで、私はいわゆる「雇われ」経営者でした。つまり株式などの資本を所有することなく、いつもヘッドハンターにスカウトされて着任したのです。

普通、スカウトされて着任する場合でも、同じ業界で経験がある経営者や幹部を招聘することが多いのですが、私の場合はその会社はもちろん、業界全体に関してまったく事前知識などがない着任ばかりでした。また関与したビジネスに特に役に立つ専門知識があったわけでもありません。

ですからそのたびに、自社の強みや弱み、業界の構造、顧客（マーケット）が求めていることなどを虚心に分析し、「要素」としてとらえ、その要素同士の組み合わせ（構造）などを考え抜いてきました。そしてそこにある「構造」に対して一番有効な手――つまり経営戦略は一体何なのかを考え抜いてきたわけです。

幸い、それぞれの会社では実績を残すことができました。また、そうでなければ厳しい外資の世界、「次の、また別の」社長として次々と声をかけてもらうことはなかったでしょう。

そのような20年以上にわたる経営職の体験からまとめ上げた、私なりの「成功の鉄則」があります。それを、「繁栄の黄金律」と名づけて、次ページに整理図解しました。

1-1　繁栄の黄金律

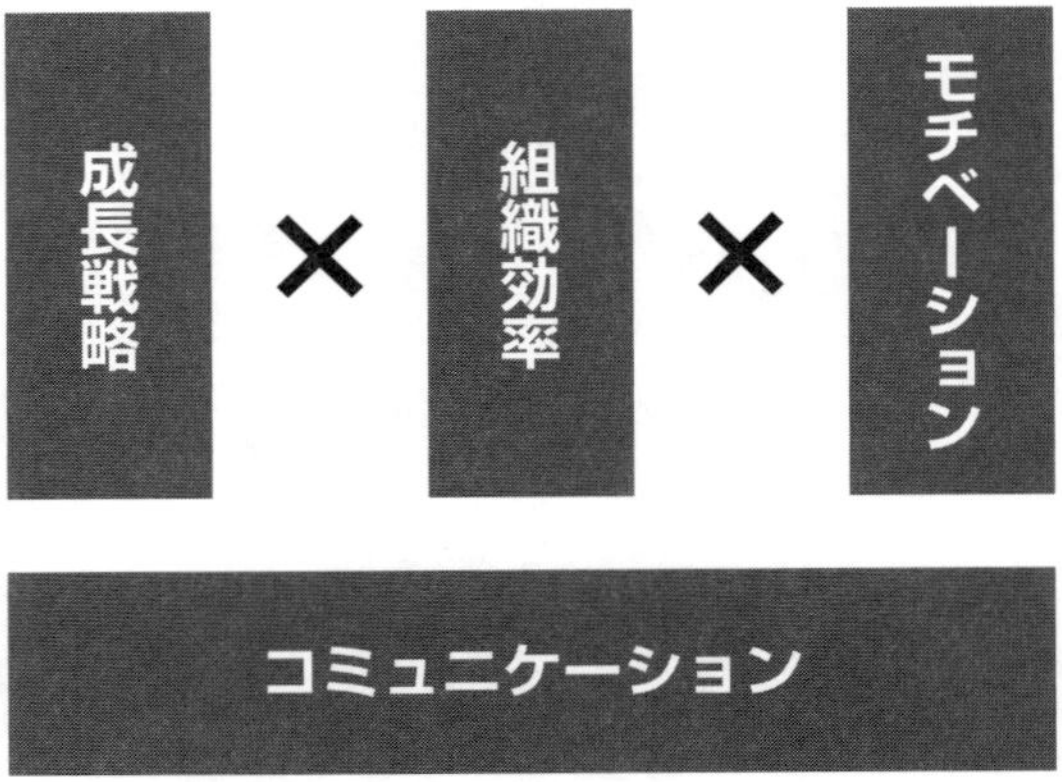

◆コミュニケーションなくして戦略はない

会社をうまく経営していったり業績を伸ばしたりするために、経営者や幹部がやらなければならないことは無数に、無限にあります。部や課などの部門責任者にとっても自分が任されたチームの業績を上げるためには、同様に数え切れない業務があるわけです。

それらの、組織の責任者たちが成さなければならない業務のことをすべてひっくるめて「経営行動」と呼びます。

経営行動には大きなモノから小さなモノまで、あるいは重要なコトから些末なコトまで無限にありますが、それぞれの経営行動の中にある共通的な要素によって分類していくと、いずれいくつかのグループにまとめていくことができます。

その分類にはまたいくらでも括りようがあり、

いくらでもグループを形成させることができます。ですから「経営術」とか「経営法」とは、数ある経営行動を特定の観点からグループ化し、その重要度や優劣を論じたモノとして理解できます。

私は無数にある経営行動を、「企業が業績を大きく伸ばす」か、あるいは「短期間で業績を改善させる」ことに寄与するという観点によって4つの大きな要素に大別しました。その4つの大きな要素の相互関係を図示したものが先ほどの「繁栄の黄金律」です。

6つの会社を経営してきた体験によれば、経営者はこの「繁栄の黄金律」にある4つの大きな戦略をきっちり設計し、しっかり回せば必ずうまくいきます。「うまくいく」とは、業績が大きく伸びたり、急速に改善したりするということです。部門レベルでも同様です。

「繁栄の黄金律」では、企業の成功のために重要な経営行動の要素として、まず次の3つを掲げました。

- **成長戦略**
- **組織効率**
- **モチベーション**

これら3つのグループの間では、特にどれが他の2つより重要ということはありません。また図表1-1では、これら3つのグループの間に「×」という記号を掲げてあります。「×」は乗算、つまり掛けるという印です。3つの要素は互いに掛け算し合う関係にあたり、どれか1つが欠けても（＝ゼロになる）、その数式の答えとなる「積」はゼロとなってしまいます。ですから、この3つの要素はどれも充実して、バランスが取れていなければ全体として功を奏しません。

そしてこれら3つの重要な経営行動要素を、共通して下支えしているのが、1-1図の下部に示した、

●コミュニケーション

ということになります。

社内や組織内におけるコミュニケーションの的確な発動と実施がなければ、上部の3つは、そもそも組成さえされてきません。

「社内コミュニケーションなくして戦略の策定はあり得ない」

ということなのです。

もちろん、3要素に含まれる各戦略の出動、実施にあたってもコミュニケーションがしっかり担保されていなければ、その実践効率は大きく減じてしまいます。

2 3年で半減した売上げが次の3年で3倍に！

私は初めて会社を経営した時から、「繁栄の黄金律」を掲げていたわけではありません。実際には、むしろ手探りで試行錯誤しながらやってきました。

しかし、いくつもの会社で経営体験を重ねるにつれ、同じような場面に出くわしたり、修羅場を潜ったりしてきました。そうしているうちに、それらの経営体験や手痛い教訓が自分の中で整理され、他人様にも説明できるような形に昇華されてきたのだと思います。

「繁栄の黄金律」にある「4つの要素の組み合わせ」の有効性を意識し始めたのは、社長として3社目となったフィリップスライティング社のあたりです。着任したのは46歳の時です。

というのは、ちょうど当社に在職していた3年の間、社長業のかたわら、法政大学の社会人経営大学院で博士後期課程をこなすことになりました。ですから、「体系的に考える」とか「理論化する」ということに一層興味が向いてきたのだと思います。

1-2　フィリップスライティング社の売上げ推移

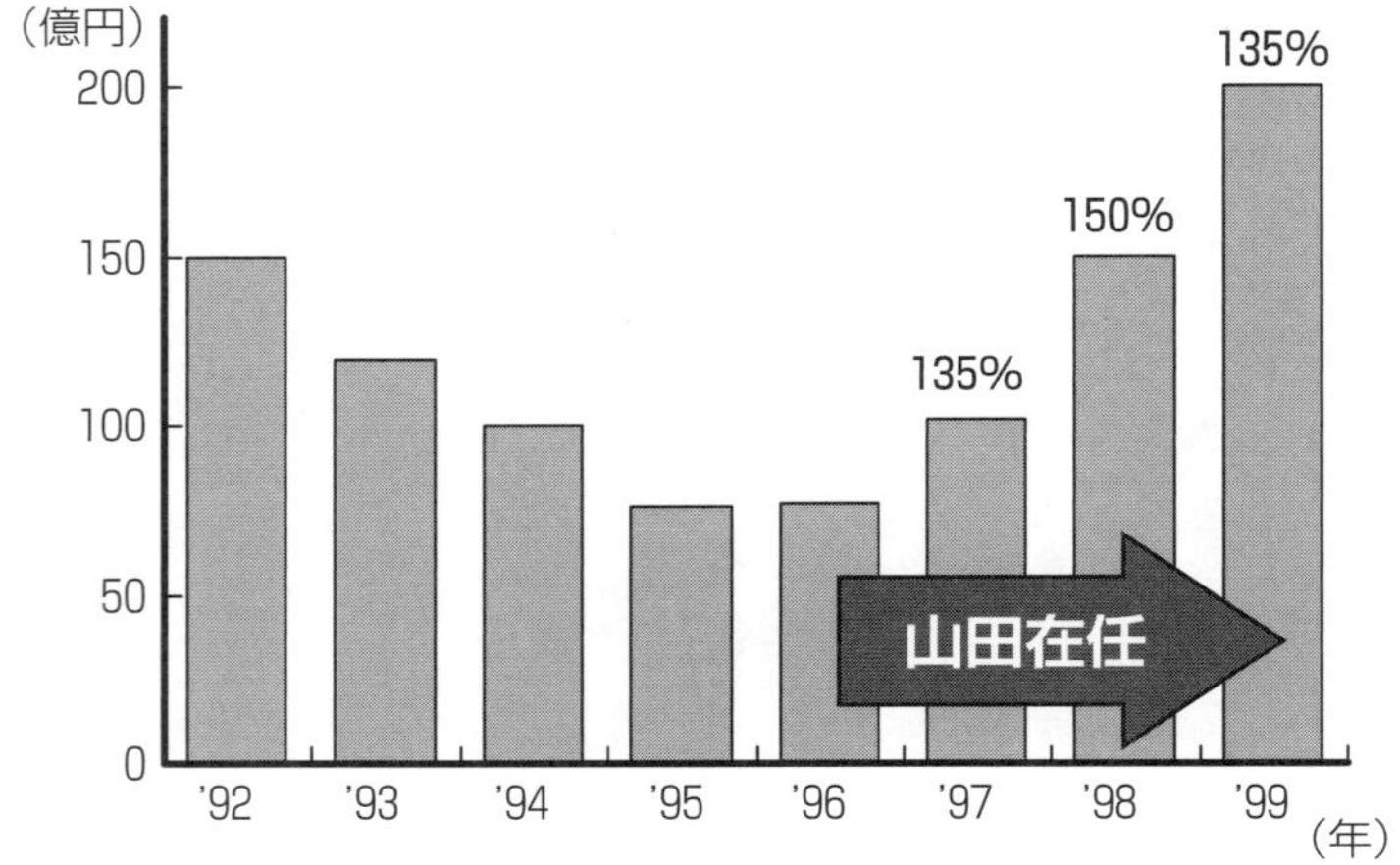

◆短期間で達成！「売上げ」のV字回復

この本では、次章以降、フィリップスライティング社での私の経営事例を軸に、経営戦略の立て方を紹介します。ここではまず簡単に「繁栄の黄金律」の、当社での実践結果をグラフに掲げます。

当社は、１９９２年に売上げが１５０億円ありましたが、3年の間にちょうど半減し、１９９５年には75億円となっていました。私が１９９６年に着任すると、ありがたいことにそれは下げ止まり、若干ですが上乗せした75億２０００万円を計上しました。着任翌年の１９９７年は対前年比１３５％、１９９８年には１５０％と伸び続け、在任3年強の間に3倍弱の２００億円の売上げを達成しました。

「V字型回復」という言葉は、日産自動車にカルロス・ゴーンが新社長として就任してからよく使われるようになりました。しかし多くの会社の「V字型回復」というのは、実は「利益」の回復の場合がほとんどです。とある年に徹底的なリストラやら、在庫処分、事業売却の断行などをすると、次の年から利益は回復するという構図です。日産自動車もその例外ではありません。このタイプの回復は、経営者がハラを括ればできてしまうものなのです。

１００億円以上の規模で、フィリップスライティング社ほどの「売上げのV字型回復」を短期間に実現したのは（そのV字の角度からいっても）他に例がないといわれています。金融関連とか、規模の小さいベンチャー企業、あるいはインターネット関連の新興企業などではあるのかもしれませんが。

当社がV字型回復を見せたピークの年は、１９９８年です。その年の売上げは対前年比１５０％に伸びたわけですが、98年の市場全体（照明機器市場）の伸びはマイナス13・２％だったという統計が残っています。つまりこの年の前後では売上げの伸張度からいうと、当社の一人勝ちだったわけです。

しかし私は、売上げよりも利益重視の経営者でした。というのは、当たり前ですが会社というものはいくら売上げがあっても、儲からないことには始まらないからです。

この会社の社員（製造部門を除く）１人当たりの経常利益額は１９９８年には１６００万円、

私が離任した1999年には2000万円の大台を突破しました。これは、社員100人の会社なら年間20億円、1000人の会社なら200億円の経常利益を出す数値となります。

この数字はもちろん悪くありません。同じ年、1998年の段階で当社の数値を凌駕していたのは、日本で2000社以上ある公開企業では任天堂とパチンコ・メーカーのアルゼ社（現・ユニバーサルエンターテインメント）だけでした。

◆半期で、マイナス5億から黒字に！

もう1つだけ、例を挙げておきます。

次に社長としてスカウトされ着任したのが、ミードウェストベーコ社（以下「ミード社」）でした。本社はアメリカのフォーチュン500（売上げ上位500社までの企業）に入る大手製紙会社です。本社が北米で幅広く展開していた事業の中から、私が任された日本法人はただ1つの事業だけを展開していました。それは、缶ビールを6個まとめるなどの用途でよく知られている、マルチパックという包装資材の販売です。

ミード社のビジネス・モデルは、紙材を北米の本社からロール状で輸入し、それを静岡県島田市にある自社の印刷工場でマルチパックに印刷し、断裁する。そのマルチパックをビールなどの飲料工場に納入して使用してもらう、というものです。

この会社は私が着任するまで6年もの間売上げを下げ続けていました。1991年まで凸版印刷社と合弁を組んでいて、ミード凸版社を名乗っていたのですが、それを解消します。解消した初年度の１９９２年には57億円あった年商が、１９９８年には40億円までに減ってしまっていたのです。１９９９年の下半期の初日に社長として着任した私は、やがて２００１年には50億円以上に年商を回復しました。

「売上げの回復はフィリップスの時ほどではないな」

と思われる方もいるでしょう。

でも、長期低落していた会社をターンアラウンドさせるのは、実は「V字回復」とはいわないのです。「ホッケースティック型の回復」といいます。

ホッケーで使われるスティックは、長い持ち手の先で、パックをひっぱたくヘッドが突然ちょこんと上がっています。あの形状での売上げ

1-3　ミードウェストベーコ社の売上げ推移

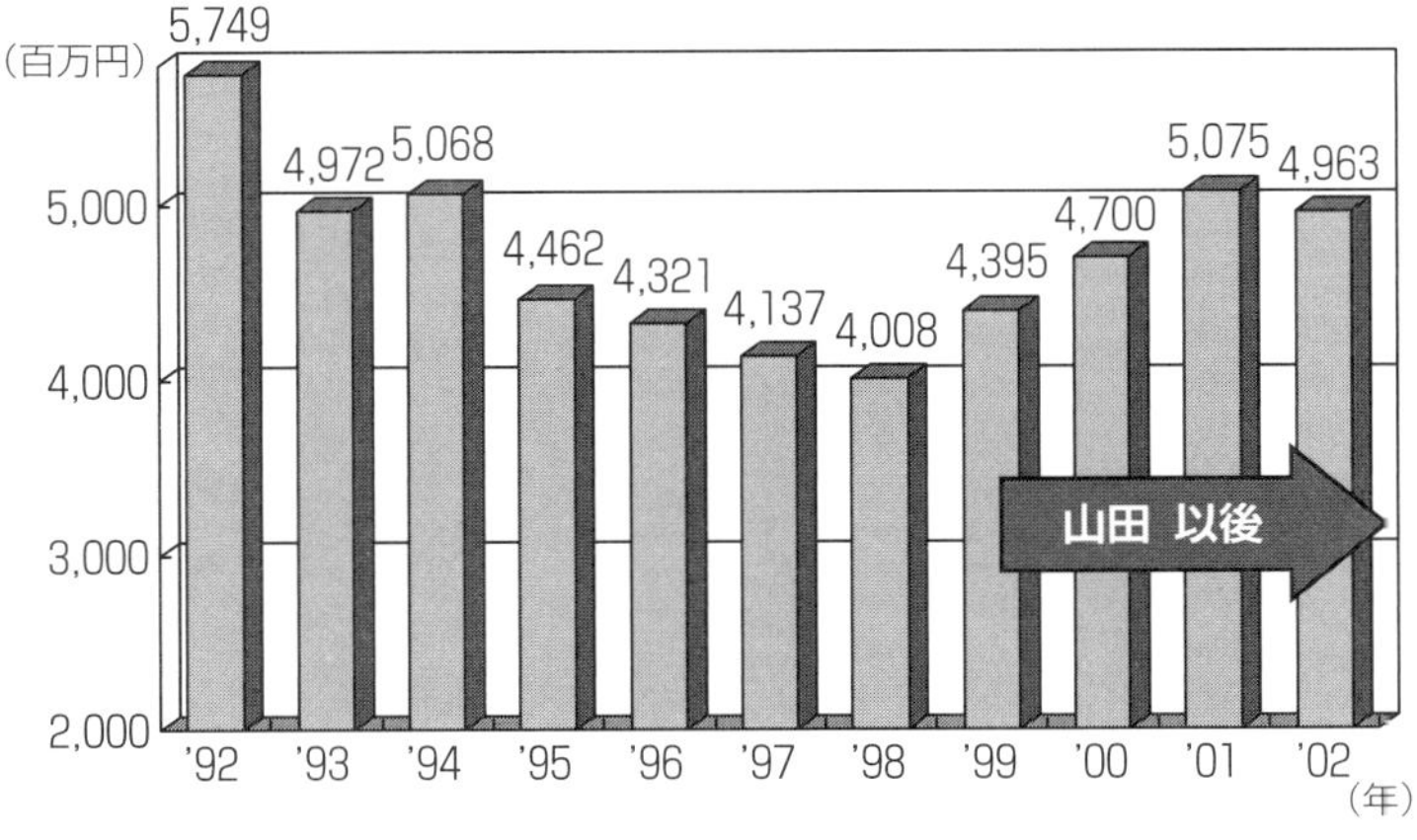

回復を称した言葉です。実は「V字型回復」より難しいのです。

「ホッケースティック型の回復」もちゃんとした経営学用語ですが、あまり知られていません。というのは、それがほとんど起こらないからです。売上げが長期低迷している会社は、その間に財務状況が破綻してしまうことがとても多いのです。

ミード社の場合で見てみると、年商が40億円台のこの会社の経常損失は、6億円（94年）、4億円（95年）、そしてなんと22億円！（96年）と信じられないような額でした。

私が着任したのは1999年の下半期の初日、確か月曜日でしたが、水曜日か木曜日に管理本部長が報告にきました。

「社長、上半期の仮決算が出ました」

「それでどんな具合だったの？」

1-4　ミードウェストベーコ社の経常利益の推移

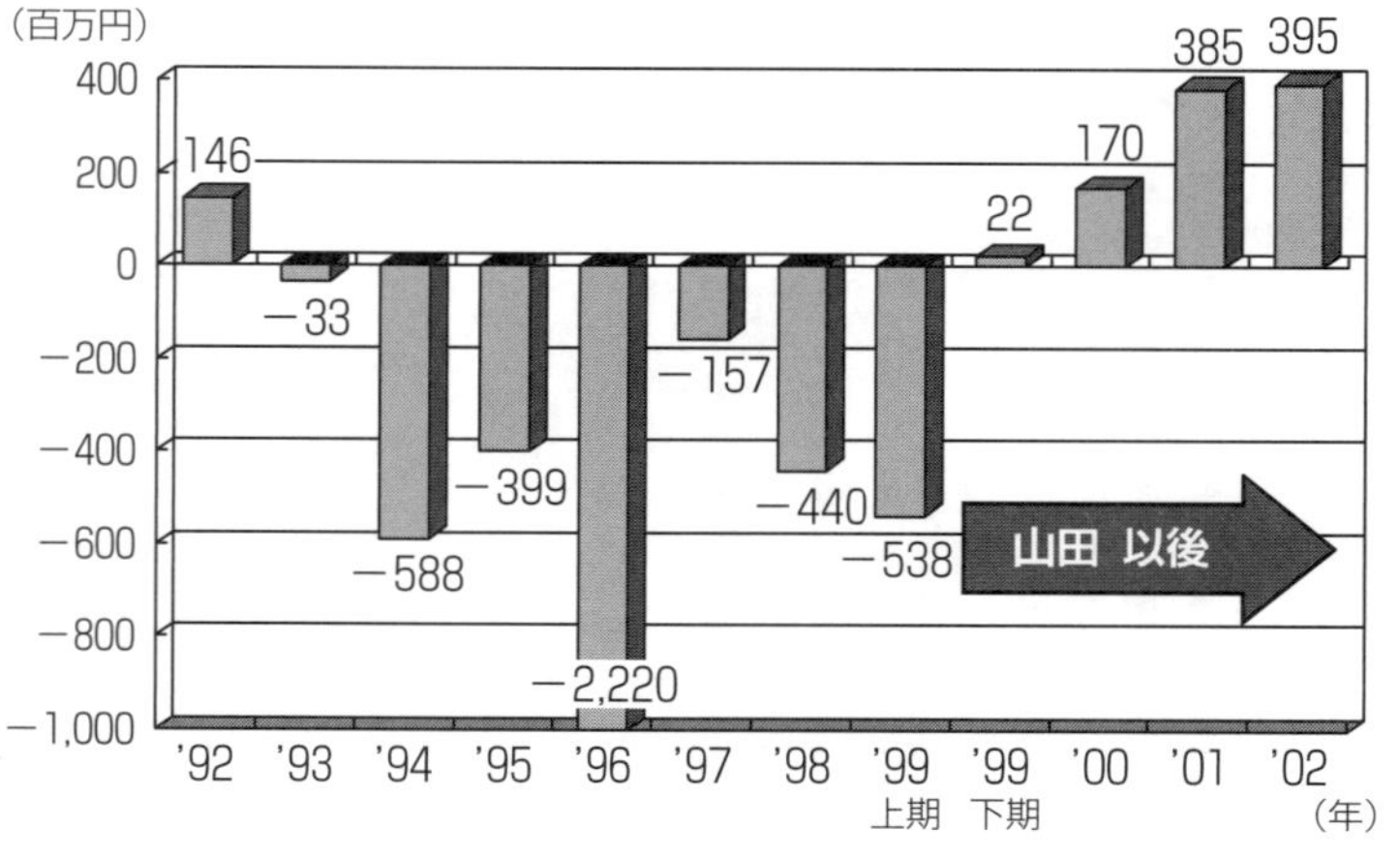

と尋ねると
「売上げは半期で25億円強でしたが、経常は……」

と言いにくそうです。待っていると、

「5億円を超えるマイナスです」

と言うではありませんか！

対売上げでいえば、経常損失率20％以上というわけです。前の年よりずっと悪い。このままですと、私の初年度は通年で経常損失10億円以上になるような成り行きでした。


ところが、私が例の「繁栄の黄金律」経営を繰り出して経営に当たったところ、着任したその下半期には何と経常損失が黒転（わずか2000万円ほどでしたが黒字！）したのです。そして2年後からは対売上げ経常利益率でコンスタントに8％から10％を叩き出しました。

経常利益率が8％なら、立派な優良会社といわれています。東証1部上場企業の対売上げ経常利益率は平均すると大体2％台で推移しています。それが5％という会社なら投資家から評価され、もてはやされています。

あんなボロボロの財務状況だったミード社が、一転して優良会社に変身してしまいました。

ミード社で「繁栄の黄金律」によって私が採用し、繰り出した戦略に「極め打ち戦略」というものがあります。あまり耳に馴染みがない言葉かもしれません。私は次のように定義しています。

極め打ち戦略とは、特定の重大な課題を徹底的に解決する、あるいは、徹底的に解決しようとすることによって、その課題を取り巻く複数の分野で大きな改善に至り、その結果、全社的な業績の改善やビジネス・モデルの改善に至るような戦略である。

（山田修「【成長戦略】経営者が本気になれば会社は必ず復活する」『プロフェッショナルリーダーの教科書』経営者ブートキャンプ編、東洋経済新報社、２０１１年）

この特異な戦略の詳細とその展開については同書に詳しいのですが、ミード社では、最大顧客の特定満足項目をＣＫＰＩ（Critical Key Performance Indicator：最重要経営指標）として定め、その改善を徹底的に全社を挙げて追求しました。その結果、図表1-3や図表1-4に見られるような顕著な業績の改善が実現されたのです。

3 同じことをやっていても、大きくは変わらない

フィリップスライティング社やミード社での経営実践体験から私が学んだこと、それは、

「経営戦略って有効なんだ」

ということです。2つの会社の業績グラフを見てもらえばそのことは明らかです。というのはそれら2つの会社で取り扱っていた商品や技術は、私の着任の前と後で変わっていません。またビジネスを遂行してくれていた社員たちも、もちろん同じ人たちです。

「日々の経営を一生懸命、コツコツとやっていればきっと報われる」

という経営者の方もいらっしゃいます。

しかし私は、

「昨日と同じことを今日もやっているのであれば、少なくとも大きな違いは発生しないだろう」

と思います。状況の変化が継続的に起こることを「リニアな成り行き」といいます。「リニア」とは「直線的」という意味です。前期から今期への業績変化が大差ないものだとしたら、「同

じことをコツコツやって」も、実はその「リニアな成り行き」にストップをかけられる可能性は低いのではないでしょうか。

◆「重要だと思うものが経営戦略」と考えれば十分

わかりやすくいうと、

「経営戦略とは仕事のやり方のことで、戦略を立てるとは何か新しいやり方を考えること」だと思っています。

しかしそもそも自社の中にすでにある、あるいはあり得る無数の経営行動の中で、どれが経営戦略になり得るのでしょうか。そんなことを一体誰が、どのように、決めればよいのでしょうか。

それは、経営者であるあなたが決めるのです。それしかありません。図表1-5に「経営戦略の定義」を掲げましたが、何を経営戦略と認定するかは実は別の話なのです。

「自社の3年目標を実現するための重要な経営行動」を選び出してもらう。これはひとえに経営者の価値判断によるわけですね。だから、

「経営者が重要と思う経営行動は、何でも経営戦略と認定される」

ということです。ですから、経営戦略として出てくる経営行動は会社によってまちまち、千差万別になります。

1-5 山田流「経営戦略」の定義

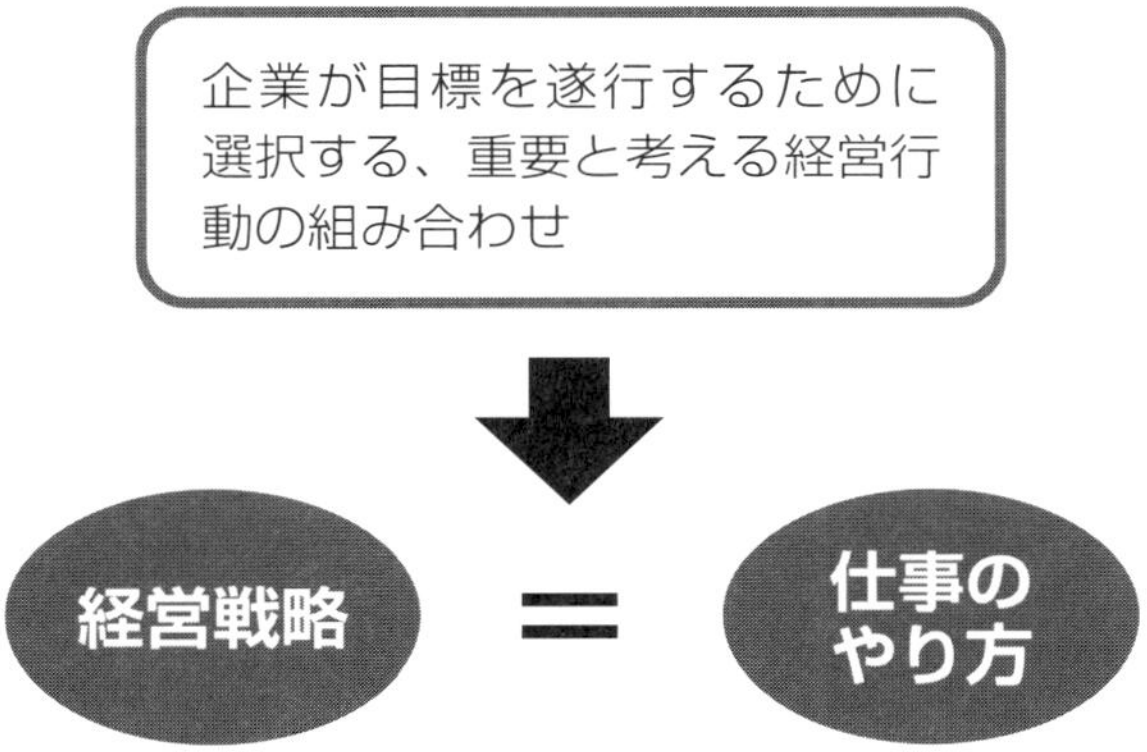
企業が目標を遂行するために選択する、重要と考える経営行動の組み合わせ
経営戦略
＝
仕事のやり方

たとえば、本書で使っている「全社戦略」や「部門戦略」は組織の階層に沿った言葉使いですし、「製造戦略」や「開発戦略」、「マーケティング戦略」などの言葉は行動機能に対して名づけたものです。

それ以外でも経営者が重要と思う経営行動には何でも「戦略」がつくのですから、どんな戦略でもあり得ます。小売業なら「立地戦略」、カタログ通販なら「ネーミング戦略」、飲食業なら「メニュー戦略」、風俗産業なら「美人受付戦略」、その他「小会社戦略」、「投資戦略」……それこそきりがないことがおわかりでしょう。

もう1つ、「戦略」と並んでよく出てくる言葉に「戦術」があります。「戦略」のほうが上位概念で、「戦術」は「戦略」を実施するために「戦略」に含有される内部プログラムだというのが一般的な理解でしょう。

それでは、「戦略」と「戦術」をどこで分け、どう呼べばよいのか。これも経営者であるあなたが自分で決めればよいのです。

相対的に、自社にとってより重要な経営行動には「戦略」という言葉を与え、それほど重要でないものは「戦術」と呼ぶ。自分と社員たちが混乱しないような、ラベル貼りくらいに考えればよいと思います。

◆新しいやり方を、新しいやり方で、考える

「業績が上がるような仕事のやり方」を考えるとき、それにはまず「ゴール」が必要です。自分たちが「何を」どのくらいの「時間枠」で達成したいのか、明確に意識する必要があります。でも、とても多くの会社が「手なり」、「成り行き」で日々の仕事をこなしています。せいぜい来期の計画を立てるくらいでしょう。それも予算として求められるので、財務的なものくらいで終わっている会社も珍しくありません。

あるいは逆に、網羅的に細かな細かな項目を各部署に与え、それに対してのアクション・プランを埋めさせている会社もあります。でもそれでは「一体何が重要で」「何が新しい（つまり業績を変え得る）」経営行動要素なのか、ということが分別されません。結果、「明日も今日の繰り返し」となってしまいます。つまり、自分たちが全体としてどこへ行くのか、というシナリオが出てこないのです。

後で述べますが、全社戦略にせよ、部門戦略にせよ、経営戦略の目標の時間枠としては3年が適当です。「3年達成目標」を掲げたら、それに到達するための「手順」を創案することが必要となります。これら一連の考える作業が「新しいやり方」を「新しいやり方」で考える、すなわち経営戦略を立てるということになります。

経営戦略を立てるのは、経営者だけではありません。事業部長はもちろん事業責任者ですし、部長も部門責任者です。新任課長でさえ、自分が任された部署の業績に責任があるので、「部門戦略」を考える能力が求められます。

実は、管理職にとってとても重要な資質が、この「戦略立案力」です。

というのは、課長や部長になるような人は一般社員より能力が高い。つまりは同レベルの同僚たちとの競争がそれだけ激しく、厳しい階層に来たことを意味します。そのような中でさらに差をつけられる領域がここにあります。

中間管理職の人たちの多くは、実はリーダーシップやコミュニケーション力には優れています。だからこそ実績と貢献を重ねて昇進してきました。しかし、責任者となった後からは、ただがむしゃらに働いてもだめなのです。自分が預かったチーム全体の業績を上げる「手立て」を考えなければなりません。それが「部門戦略」ということなのです。

次章からは戦略の立て方を具体的にお話しします。

第 2 章

「戦略カード」と「シナリオ・ライティング」の手法

1 日本語ができれば戦略は立てられる

「経営戦略」という概念ができたのは、実は古いことではありません。何しろ「経営（マネジメント）」という概念そのものがピーター・ドラッカーによって〝発明〟されたのが1950年代のことです。「経営戦略」は「経営」の中にある下位概念ですから、ドラッカー以降となります。

◆言語化された、わかりやすいパッケージ

経営戦略は当初、大企業の中で「経営計画」として始まったといわれています。第2次世界大戦後、欧米で肥大化した大企業では、組織全体が統合的、効率的に動くためには、何か頼りになるものが必要になりました。そこでまず全体を統合指揮する「経営計画」の考え方が導入されました。

第2次大戦で軍隊において軍事戦略が整備されたので、その概念や用語も援用され、経営に

関することも「戦略」だ、ということになったわけです。

初期の戦略論者の1人として知られる経営史学者のアルフレッド・D・チャンドラーJrは、著書『組織は戦略に従う』（ダイヤモンド社）の中で、戦略とは、「企業の長期目標と目標の決定、およびその長期目標を達成するのに必要な資源の配分と行為方針の採用」であると定義しました。

それから半世紀が経過しています。チャンドラーの定義の、ある部分はもちろんまだまだ有効だと考えます。特に「目標」を設定することから始まるとしたことは見事だと思います。つまり「時間枠」を意識、あるいは設定しなさいということに繋がります。そして目標には、「長期目標」と「目標」があるとしています。後者は、前者との対比から「長期でない目標」ということになります。

さて経営戦略について、チャンドラー以降も様々な学者がそれぞれの定義を述べています。いずれにしても、企業の中で策定され、企業の目標を達成しようとする計画や手順であることは間違いありません。

経営戦略を考え、掲げるのは、そもそも単にそれを作る経営者自身（あるいは部門責任者自身）のためだけではありません。作った経営戦略を、自分が率いる組織成員に伝える「言語パッケージ」でもあります。あるいは、「コミュニケーション・ツール」ともいえます。

「経営戦略」のパッケージを作り示すことによって、自分のチームにはっきりと伝えたいこと、共有したいことにはどんなことがあるでしょうか。外せない要素として次のようなものがあります。

- **自分が率いる組織が達成したい「目標」**
- **その目標を達成する「時間枠」**
- **達成するための「手順」**
- **手順を実施する際に起こり得る「障害」**
- **「障害」が発生するとすればそれに対する「対処」**

これらの要素を網羅し、しっかり言語化されたわかりやすいパッケージを作って、部下たちによく説明する。これが、「経営戦略を立案し、指揮する」ということなのです。そして、理解を共有したら、チーム全体でその経営戦略をしっかり「実践」していく。これらの一連の作業を通じて、初めてあなたのチーム、組織あるいは会社全体は業績を上げていくことができるようになるのです。

◆誰が、どうやって作る？

さて、

「経営戦略を立てよう」

と言われると、

「そんな改まったものは作ったことがない」

「まとまった事業計画や中期経営計画も作ったことがない」

あるいは、

「実はそういうものは金融機関向けのお体裁なので、公認会計士の先生に適当に作ってもらっている」

などという経営者の方は結構いるのではないでしょうか。そしてそんな方たちの多くが、

「実は大切なことなので、本当はこのままではいけないのだけど」

とも思っていることでしょう。また、

「経営戦略を作る、作れるのは経営企画室などがあって、たとえばＭＢＡを持っているような室長がちゃかちゃかと（社長の代わりに）作ってくれる」

などと思っている経営者の方も多いのでは。

でもちょっと待ってください。次のような事実があります。

　会社法における「大企業」の定義は、「資本金が10億円以上の会社」である。そうす

ると、我が国に存在する421万企業のうち、実に99・7%は「大企業」ではなく「中小企業」ということになる。

（資料：総務省「事業所・企業統計調査」2006年）

経営企画室などの特殊なスタッフ部門を持っているような会社は、おそらく「大企業」なのでしょう。とすると、そんな専門スタッフに経営戦略のたたき台を作らせているような会社は、日本中で0・3%ほど（1000社に3社）しかないと推定されます。99・7%にのぼるほとんどの会社では、経営者自らが経営戦略を練っているか、「していないか」ということになります。

「当社の経営戦略は自分の頭の中にある」

という状態なのでしょうね。

でも、経営戦略というのは、「頭の中にある」だけではいけないのです。その状態ではきちんと整理されていません。極端にいえば日々揺れ動きます。整理されていないので、経営者自身もそれに沿ってきちんと動けません。

「揺れ動く戦略」とは「定まらない戦略」で、つまり「自分でもわかっていない戦略」ということではないでしょうか。日々の状況の変化に対応しているだけの経営者がとても多いはずです。そのようなやり方は、実はそれは「経営＝マネジメント」ではなく、「ビジネス管理＝アドミニストレーション」と呼ばれるべきものです。「経営」は経営者が主体的に状況を作り出そうとしているやり方、「ビジネス管理」は受動的に状況に対応しているだけ、ということでもあります。

でも実は、全社戦略や部門戦略などの経営戦略を立てることは難しくありません。

前章で触れた「経営戦略の必要要素」をカバーして、ステップを踏んでいけば、おのずと経営戦略が構成されていきます。

どうやって立てる（考える）のか？

それは、頭を使って考えるのです。

「頭を使って考える」とは、「言語を使って考える」ということですから、私たち日本人なら「日本語を使って考える」ということです。言い方を変えれば、

「日本語ができれば経営戦略は立てられる」

ということです。

構成と方法論がしっかりした戦略立案法があれば、それに沿って考え方を整理していくと、自分の（つまり自社あるいは自部門の）経営戦略にたどり着ける、それが山田式の「戦略カードとシナリオ・ライティングを使った戦略立案法」なのです。

2 「戦略カード」で思考を定着させられる

経営戦略の立案に使う「戦略カード」についてご説明しましょう。

43ページに、「戦略カード」のオモテとウラを示しました。実物は縦7・5㎝で横12・5㎝の大きさで、しっかりした厚さのものです。本書の302ページに示されたURLを開くと入手先が見つかります。「戦略カード」そのものが手に入らなければ、市販されている情報カードと呼ばれているもので代用してください。

「戦略カード」に記入していく際、いくつかのルールがあります。

◆戦略カードを書き込むルール

①1つのカードには、1つの文章だけを書く

「戦略カード」は記入した後、取捨選択の際や、グループ作業などで使います。カードゲームのような使い方をしますので、複数の概念を書き込んでしまうとそれができません。

②項目ではなく、文章を書き込む

たとえば「売上げ増」というのは「項目」です。文法でいえば「体言（名詞）」にあたります。「項目」というものは「思索」ではなく「思索の断片」、せいぜい「思索の見出し」でしかありません。

「売上げを増やす」というのが文章となります。文章を書くことにより、あなたの「思索」はしっかりした「概念」として定着、つまり「言語化」されるのです。

③短い文章で書こう

文章は1つだけ、それも「戦略カード」1枚を超えてはいけません。また、カードいっぱいに書き出されるような長い文章になることも避けてください。

「思索」を「概念」に落とすわけですが、その「概念」は短いほうが思索の要素を濃縮して重要なポイントに近づくものです。また短い文章だと、それは「視覚化」「記号化」されることになり、後で展開する「カードゲーム」のステップの時に効果が高まります。

④手で書こう

このごろは何でもパソコンで書くのが主流かもしれませんが、「戦略カード」は手で書いてください。思考は口から出る（語られる）こともありますが、実は上質な思考は手先から紡がれるものなのです。

⑤たくさん書いて、連想を働かせろ

手を使って書くことの大きなメリットに、「連想が働く」ということがあります。カードを実際に書き出していくと、脳がそれに刺激されて、「そういえばあれもあった、これもあった」と、関連する別の思索や概念を思い出させます。その着想は別の「項目」として湧いてきますが、それをすかさず「文章」として「戦略カード」に表出させ、定着させます。言語化しておくのです。

◆経営戦略のアイデアをカードで刻彫する

この章以降で、戦略立案の具体的なステップを述べていきます。それぞれのステップで「戦略カード」を使ってもらいますが、私が企業やセミナーなどで「戦略カード出し（書き出し）」を指導すると、参加者たちは皆一様に驚きます。それは、

「カードを書き出す前は、こんなに自分の中にアイデアが入っていたとは思わなかった」

「考えていたことなのかもしれなかったが、気づいていなかった」

「漠然と思っていたのだが、うまく説明できなかったのだと思う」

2-1　戦略カード

〈オモテ〉

(　) 目標　　(　) 課題
(　) 解決策　(　) 派生問題と対処

選択マーク
選択番号

1．1つのことだけを1つの文章で。句点(。)で終わる。　2．多くのカードを出し、最有効を考える。　3．選んだカードは、裏に選択理由。

〈ウラ〉

選択理由：どうして重要なのか？　句点で終わる文章で。複数の文章可。

戦略カードTM

などということです。

そうなのです。

「戦略カード」という思考ツールを使うと、

- **アイデアが顕在化される**
- **思索が言語化される**
- **連想が働き、次々に思っていたことを定着させられる**

などのメリットがあります。

私はこれを

「1人ブレーン・ストーミング」

あるいは、

「1人ナレッジ・マネジメント」と呼んでいます。

「ナレッジ・マネジメント」というのは、自分（たち）でも気がついていなかった「暗黙知」を言語化して「明示知」にすることです。経営学用語としては「形式知」といいますが、私は国文科出身なので「明示知」のほうがふさわしいと思います。

「1人ナレッジ・マネジメント」を起動させるためにも、「1つのカードに短い文章で」というカード出しが有効なのです。1つの文章に集約しようとすると1つの思索が表出します。表出することにより、他の思索への連想が働く核となるのです。

長い文章や複数の文章で表現したほうが、思索がより的確に表現されると思われるかもしれませんが、逆です。集約されることがないので、文章として収束しません。つまり概念化の度合いが弱くなるのです。

後で触れますが「戦略策定のための環境分析」などを延々と続けても、思索は拡散するだけで収束してきません。結果、経営戦略のシナリオが刻彫されてこないのです。

カードを使って戦略を立案することには、しっかりした構成ができるというメリットがあります。

認知心理学者ジョージ・ミラーも、人間が同時に処理できる情報の塊の数は、7つ前後に過ぎないと報告しています（「魔法の数字『7プラスマイナス2』―人間の情報処理能力の限界」1956年論文）。

企業の経営戦略を立案するということは、企業内の経営行動に関わるそれこそ無数の事象を想定し、価値判断し、相互作用を想起して進めることになります。となると、「7つの要素」しか同時に扱えない人知では、それらをすべて俯瞰してさらに構成を考えつくなど不可能なことがわかります。そこで、戦略立案の各ステップでカードを使用し、多数の経営行動を要素として定着させるのです。

3　「ああすれば、こうなる」がシナリオ・ライティング

「戦略カード」を一定の構成に従って書き出し、吟味選択して並べると「経営戦略」が現出します。構成とそれぞれのステップについては順次説明していきますが、ここではまず、それらの構成やステップを貫く「シナリオ」の考え方についてお話ししましょう。

◆よいシナリオの条件は「あり得る話」であること

「経営戦略」を立てるということの根幹は、

「組織全体で何をやるか」

の明示です。立てる立場の経営者や部門責任者としては、

「組織全体で何をやらせるか」

ということの創案でもあります。

「何をやるか、やらせるか」は、その結果として「何が起こるのか、起こさせたいのか」を規

定することでもあります。

自分で規定・領導するものではありますが、経営戦略を立てるためには、「一体何が起こり得るのか」を想定する能力が必要です。つまり、それは「想像力」なんですね。

想像力が豊かであればあるほど、戦略家としては優秀となれる素地があります。というのは、ビジネスの展開はあらかじめすべて、予測できるものではありません。すべては「あり得る話」だけなのです。

「あり得る話」のことを私の戦略立案では「シナリオ」と呼びます。ですからシナリオは、理論的には無限にあるということになります。実際には蓋然性の高い、いくつかの有力なシナリオを思いつければ、経営実務家としては優秀だといえるでしょう。

さて、実際のビジネスの進捗や展開には当然、時間とともに変化が生まれるわけで、これを「シナリオの展開」と呼ぶことができます。

「シナリオの展開」がうまくできる戦略家というのは、「お話の上手なお父さん」と同じです。あり得るシナリオを思いついた段階では、それはまだ「コア・シナリオ（シナリオの芯）」の状態に過ぎません。

「お話の上手なお父さん」はそこから、「ありそうな話」を紡いでいきます。それには、さら

2-2　戦略カードとシナリオ・ライティング

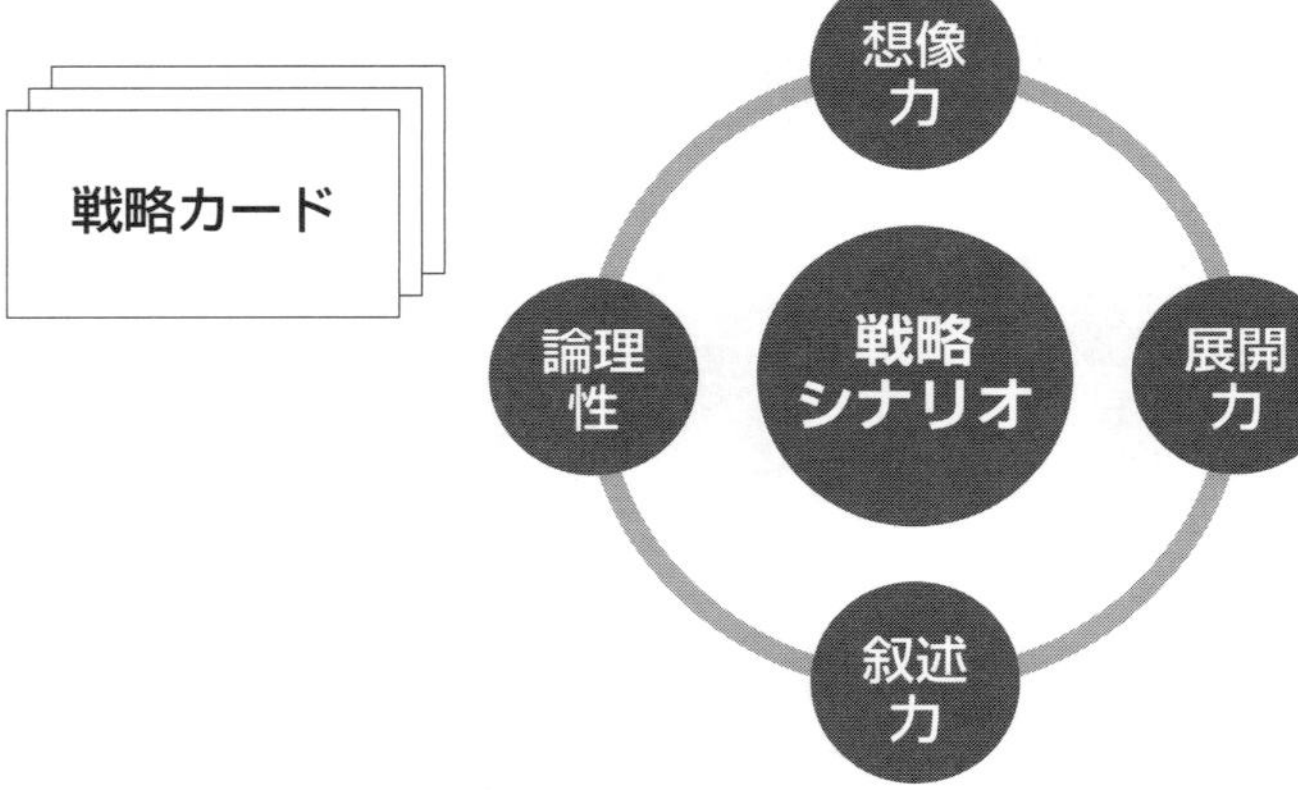

に「想像力」が必要ですし、それを「お話し」していくための構成力、つまり「展開力」がぜひほしい。そして上手にお話を続けていける「叙述力」があればシナリオは膨らんでいきます。でも「叙述力」って結局は、

「ああなればこうなる」

というように、妄想的なことを膨らませていける能力なんですね。

もちろん、「叙述したシナリオ」には、それを聞く人に首をかしげさせない「論理性」が必須です。前に述べたように、ビジネスの展開については何でもあり得るのですが、シナリオの進行についてはあり得ない組み合わせというものがあります。1つのシナリオの中で「論理性」が貫徹されていないものは「起こり得ないシナリオ」として退けられるのです。

◆戦略立案のためのツールとマニュアルを示そう

戦略立案のツール（道具）ということで、アイデアを手に取れる「戦略カード」、組み立て方の考え方である「シナリオ・ライティング」について説明しました。

具体的に、「戦略カード」を使って戦略を立てるためには、次の「戦略立案5つのステップ」によって「戦略シナリオ」を展開していきます。

ステップ1：「目標設定」
ステップ2：「目標合意」
ステップ3：「課題の発見」
ステップ4：「解決策の策定」
ステップ5：「派生問題と対処」

この本ではさらに、示された「作業手順」に沿って「戦略カード」を操作していくと、皆さん自身の経営戦略が形作られる（言語パッケージとする）構成になっています。経営者や部門長など、現場の責任者である読者の方は、セオリーだけをいくら勉強しても始まりません。ぜひ実際にご自分の経営戦略を立てていただきたい。

次章以降、右の5つのステップを進めていくための「10の作業手順」を具体的に示しました。これはそのまま戦略立案のためのマニュアルとなっています。順次示される「作業手順」と前述の「5つのステップ」は次ページ2-3図のような関係になっています。

2-3 〈課題解決型〉戦略を立案するための10の作業

STEP 1　目標設定

- 作業1 ▶「3年目標」のカード出し
- 作業2 ▶ 重要目標カードを選定し、理由を裏書き

STEP 2　目標合意

- 作業3 ▶ 目標合意（できれば）

STEP 3　課題の発見

- 作業4 ▶「課題の洗い出し」と重要課題の認識
- 作業5 ▶ 3つの重要課題カードを選定し、理由を裏書き

STEP 4　解決策の策定

- 作業6 ▶ 重要課題それぞれに解決策カード出し
- 作業7 ▶ 3つの重要課題解決策カードを選定し、理由を裏書き
- 作業8 ▶ 重要課題解決策カードに戦術カードを追加

STEP 5　派生問題と対処

- 作業9 ▶ 解決策それぞれに対して「派生問題カード」出し
- 作業10 ▶「最大障害カード」に対して対応策カードを選定

4 はい、私がミスター・ラッキーです。

それでは、「戦略カードとシナリオ・ライティング」の技法を使って、私はどのように経営戦略を確定し、実践してきたか。本書ではフィリップスライティング社での経営実践を例として、お話ししていきます。

第1章で掲げた「繁栄の黄金律」。そこで、

「すべての戦略の設定の前提として社内コミュニケーションがある。それが確保されなければ、黄金律が求める3つの経営行動要素のどれも実現できない」

と、述べました。

そう、まず「コミュニケーションありき」なのです。

◆丁寧に、度肝を抜く

1996年の9月、月初の月曜日は2日でした。8時45分の始業時に私は初めてフィリップスライティング社東京本社のフロアに立ちました。隣には、フィリップス・グループの日本における統括本社である日本フィリップス社の社長だった、ニコ・ブライエルというオランダ人がいました。

私たちの前には、当社の営業と管理部門計85名のうち、東京本社勤務だった75名ほどの社員たちが居並んでいます。

210cmにもなる大巨人のブライエルが、私のことを紹介してくれました。

「こちらが、今日から皆さんのリーダーとなるミスター山田です」

その時から、私はフィリップスライティング株式会社の代表取締役社長に就任しました。同時にフィリップスの日本本部だった日本フィリップス株式会社側には照明機器事業部長という肩書きで所属しました。ですからブライエルはある意味私の上司でしたが、それは形式的なもので、ビジネス上の正式な上司は、香港に照明機器事業のアジア・パシフィック本部を構えていたデビット・ハミルという英国人でした。

「それではヤマダサン」

と、ブライエルが私を促します。

その時点で私は目の前に立っていた全員と、初対面だったのです。今回の着任では、幹部社員などとの事前面談の機会も与えられず、そもそもこのフロアに足を踏み入れたのも初めてのことになりました。

「おはようございます。私が、これから皆さんと一緒に仕事をやらせてもらう山田です」

丁寧に切り出します。私はビジネスではいつも丁寧であることを心がけています。きっと迫力もあまりないことでしょう。それで初めは侮られることも多いのですが、自分のスタイルなのでしょうがないと思っています。

簡単に自分のことに触れてから、

「当社の業績が芳しくないことを承知しています」

と、会社に対する認識を述べました。何しろ、昨年までの3年間で年商を半減させてしまったことは隠しようもありません。

「社員の皆さんもずいぶん心配なさっているでしょう?」

そして少し声を張り上げました。

「でも、皆さん、もう大丈夫です!」

誰の表情も変わらず、反応がありません。

「それは……私がきたからです」

反応がありました。皆、キョトンとしました。

「私が着任したので、当社はもう大丈夫です。売上げの低迷は底を打って、これから回復に向かいます。なぜなら……」

社員の人たちの顔が上がり、私の次の言葉を待ちました。

「なぜなら、私はミスター・ラッキーといわれているからです」

あきれたような顔やぎょっとした表情が見えます。私は、自分が過去就任した会社の業績はすべて大幅に改善したこと、どこに行ってもうまくやってきたことをゆっくり手短に述べて、

「そういうわけで、私はミスター・ラッキーと呼ばれるようになりました。当社でもそれはまた起こります。ですから、これから状態はずっとよくなっていきます。ぜひ私と一緒にそれを実現していってください」

と、着任スピーチを終えました。

全員がフロアに立っている朝礼方式での挨拶でした。社員からは特別にコメントも質問もなく、というか皆何か度肝を抜かれたような感じでした。

◆次々と解任されてきた前社長たち

着任の朝礼が終わり、ブライエルも立ち去り、私は初めて社長室のデスクに腰を下ろしました。しばらくすると、秘書の安部愛麗《えり》さんがお茶を淹れてきてくれました。お互い初対面の挨拶をします。外資の社長には、転職条件に秘書の帯同（同時移籍）を持ち出す人もいるくらい、秘書との相性は重要です。幸い、安部さんはとても有能であるばかりか素晴らしい人柄で、現

在に至るも時候の挨拶などをさせてもらっています。

その安部さんが不思議なことを言いました。

「私は、山田さんが当社でお仕えする5人目の社長さんです」

「?」

聞けば、1992年に発足した当社は、それ以来業績が落ち続けていて、ほぼ毎年新しい日本人社長が就任しては1年で解任されてきたというではありませんか。

(えー、そんなことは聞いてなかった)

心に思いましたが、表情には出さないようにします。当社へのスカウト話を持ってきたヘッドハンターは、いわゆる「仲人口」しか利きません。候補者である私が怖じ気づいて辞退してしまうような本当に厳しい話は、知っていても教えてくれないものなのです。もちろん、今さら引き返すわけにはいきません。

それにしても安部さんが最初の挨拶でそんなことを教えてくれたのは、

(さっきの朝礼であんなコトをおっしゃってしまって、本当に大丈夫なのですか)

ということだったのでしょうね。もしかしたら、

(5人目にならないようにお気をつけくださいね)

と言いたかったのかもしれません。

5 とにかく最初が勝負

「私がミスター・ラッキーです」

初対面の社員たちに、私はなぜ大言壮語を吐いたのでしょう。

何か、当社を突然ターンアラウンドさせるような秘策・特別の戦略をもう胸に秘めていたのでしょうか。

そんなことはまったくありませんでした。

フィリップスライティング社以前も、その後も、スカウトされて着任したことは何度もありましたが、スカウト話というと当方が一度《ひとたび》受諾すれば「明日にでも出社してくれ」ということが多く、まず時間的な余裕がありません。

また、よく誤解されるのですが、

「話があった会社の内情をどう調べ上げ、どんな目処が立てば受諾するのですか」

と聞かれることがあります。これも、そんな余裕はありませんし、そんな情報がヘッドハンターから十分に開示されることはありません。さっき述べたように、ヘッドハンターは「これは」と思った候補者には仲人口を利くだけです。彼らは口入れが成功すれば成功報酬が入るので、まとめるのに必死だからです。

私は基本的に着任条件さえよければ検討します。スカウトということなので、現在の報酬条件より悪くなることはありません。どれだけよくなるか、あるいはボーナスやストック・オプションも含めてどれだけよくなる可能性があるか、ということが基本となります。

それから、私の場合は自分のライフ・スタイルに合うかということです。具体的には地方移住や単身赴任はお断りです。都内で転居する場合には問題ありません。当然その引っ越し費用や、社宅としてのマンションなどの借り上げが条件に入ります。

後は、タイミングでした。

◆新しいことは1年以内に始める！

社長業って、実は飽きるものなのです。きっと創業のオーナー社長の場合は違うと思います。私のような雇われ社長は、着任後1年の間に業績改善のための経営戦略を発動します。そのような時間枠で発動しなければ、新任社長として時宜を逸しますし、遅くなればなるほど新経営戦略の切れ味は鈍くなるものなのです。つまり、組織全体がまた過去の日常に舞い戻ってしまう。

「新経営者がやってきた」

という刺激、緊張感、恐れなどのあるうちに新しいことをやり始めなければなりません。お互いが見知り合ってしまうとなかなか新しいことに耳を傾けてくれません。親近感や好感というのは、甘えや侮りの裏側の顔であることが多いのです。

着任1年以内に新経営戦略を発動すると、2年目にはその結果が見えます。うまくいくか、失敗するかはわかりません。2年目、3年目ではそれまでに繰り出した戦略を修正したり、追加的な施策を取ります。後で述べる「走りながら発展、修正する創発戦略」という状態です。

そして3年目も後半に入ると、大体手詰まりになる。もう打つ手はあらかた打ってしまった、その結果も（成功であれ失敗であれ）出たか、少なくとも見えてきている。そうすると、私のような再生経営者は当初の役割を果たしたことになります。

業績が順調に推移し始めると、いわば企業として巡航運行のフェイズ（段階）に入ります。そうすると、

「ここからは自分でなくても他の経営者でもできるだろう。この会社に元からいた生え抜きの幹部にやらせてあげたほうが皆喜ぶんじゃないか」

なんて思い始める。そんな時にスカウト話がくると、

「そうか、もう一丁やってみるか」

という気になってしまうのです。

6 リーダーシップを担保するコミュニケーション

1996年9月2日のあの朝、私はほとんど事前情報もなく、知っている人は1人もいず、徒手空拳で全社朝礼に身をさらしました。

ターンアラウンドのための戦略など、それこそ、この日から組み立て始めました。まったくの白紙から。

裏付けのない大言壮語を「はったり」といいます。ですから私は、はったりをかましたわけです。もちろん実現しなければ決定的に信頼を失ったことでしょう。そんなリスクを承知で、なぜあえてそんなことを宣言したのか。

それは、やっぱり「コミュニケーション」だったわけです。

◆相手の懐に飛び込むコミュニケーション法

私はこの会社にまったく関係のないところから送り込まれました。取引先や、銀行などの金融関係でもないし、出入りしていたコンサルタントや税理士や公認会計士などでもない。事前コミュニケーションが一切ない、いわば闖入《ちんにゅう》者としての登場だったのです。

「コミュニケーションはゼロだ。だから即時にそれを開始しなければならない」

と、判断しました。それで私はショック療法的な印象に残るメッセージを発しました。いわば「コミュニケーションのイニシエーション（発動）」を行ったのです。見知らぬ新社長に閉塞しがちな社員の心にどんと飛び込む（それがたとえ突飛な印象を与えても）、それが重要でした。

フィリップスライティング社での何人かの幹部たちとは今でも親交が続いています。最近皆で会食した時に、安部愛麗さんにあの時のスピーチの感想を聞いてみました。

現職の時は、社長は孤独なもので、たとえ一番の腹心である社長秘書もなかなか率直なことは言ってくれません。あれから10年以上経って、安部さんは感想を言ってくれました。

「そうですね。なんだかポカンとしてしまいましたが、皆さん悪い気はしなかったと思います。なんだかしらないけど、山田さんという新しい人と一緒に進んでいけば何か起こるんじゃないかと、ボーっと思った記憶があります。とにかく今より悪くはならないんだし、なんて思ったんじゃないかしら」

お人柄がよく、能力がある社長秘書は、やはりうまいことしか言ってくれないのかもしれませんが。

◆カリスマがない時、どうすべきか

「繁栄の黄金律」の中で、大元となる基本として社内コミュニケーションを私は重視しています。経営戦略立案と離れても、コミュニケーションが重要な分野がもう1つあります。それは、リーダーシップとの関係です。

リーダーシップを担保、行使する要件についてはいろいろな考え方がありますが、最強のリーダーシップは「カリスマ」だと思います。

日本法人で社長などを務めたので、本社のトップと直接やり合う機会がたくさんありました。いろいろな経営者の謦咳《けいがい》に接したわけですが、大企業のトップにまで上り詰めたような人たちは皆例外なくカリスマがあり、そのオーラを放っていました。

コンピュータランドの創業社長ジョニー・ミラード、王氏港建社を香港で上場させて地場有数のメーカーとした華人実業家の大物センタ・ウォン、フィリップス照明事業の最高責任者だったジョン・ワイブロー、ミード社でマルチパック事業のトップとなったビル・ビーデンハン……。

彼らがひとたび会議室のドアに姿を現せば部屋は一瞬にして静寂となり、彼らの一言隻句に全員が耳を傾けて一語も聞き漏らすまいとしました。私は日本の会社にも何社か勤めましたが、外資の経営者だった彼らのような圧倒的なカリスマぶりには残念ながらついぞお目にかかることはありませんでした。

カリスマについての私の定義は次のようなものです。

「同じことを言っても、その人が言うと他の人が言うよりもずっと、部下たちなどの第三者が耳を傾けてくれたり、指示に従ってくれたりする、身に備わった能力や権威」

どうでしょう、とても便利なものだと思いませんか。経営者や、組織の大きさがどうであれ部門の責任者なら、このような能力を持ちたいと誰もが思うことでしょう。

でも、残念ながら私にはカリスマはなかったんですね。

自分のビジネス・キャリアの中で遭遇してきた、あの外資の大立者たち……。彼らのカリスマには遠く及びませんでした。そして、自分が社長になった後から、あのようなカリスマを身につけられるかと自問してみると、それも絶望的でした。

というのは、カリスマというのは人間にとって生来的なもので、人格の一部なのです。人格が形成されてしまった成人後に努力しても、獲得することができないわけです。

「持っている人は持っているし、持っていない人は持つことができない」

という特性がカリスマにはあります。

2-4　リーダーシップを担保する要件

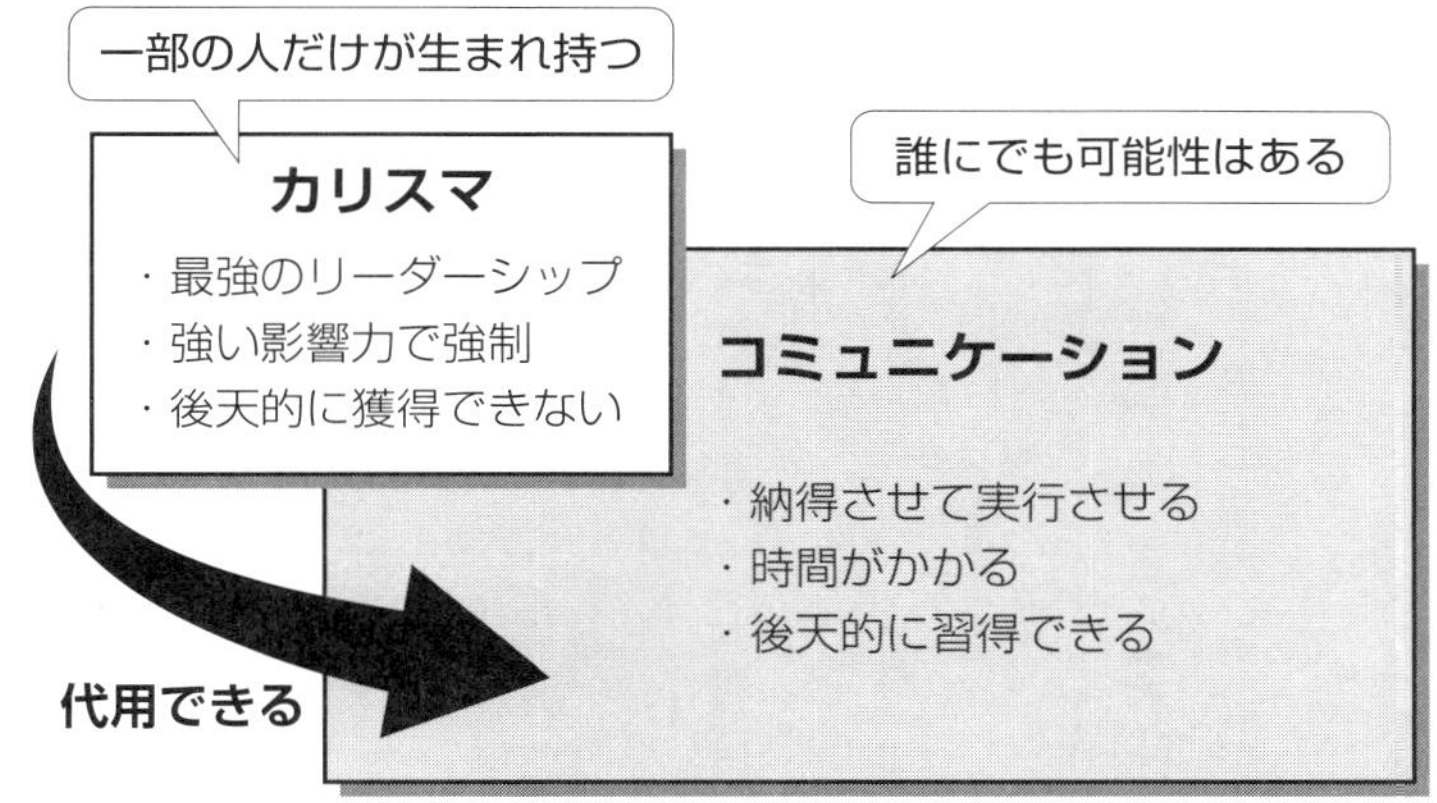
一部の人だけが生まれ持つ
カリスマ
・最強のリーダーシップ
・強い影響力で強制
・後天的に獲得できない
誰にでも可能性はある
コミュニケーション
・納得させて実行させる
・時間がかかる
・後天的に習得できる
代用できる

カリスマを持たない経営者だった私は、それではどうしたか。

愛想を振りまいたのです。

◆コミュニケーションはカリスマの代用になる

いつもニコニコして人の話を聞く。私は社長でしたから、部下たちの話を笑顔で聞く。第4章で書きますが、社員たちの間で公平となるようなコミュニケーションの機会を設けて、ここでも話をよく聞く。つまり、「繁栄の黄金律」の基本、「コミュニケーション」をカリスマの代わりに繰り出したのです。

私は「繁栄の黄金律」を提唱するくらいなので、コミュニケーションを大切にする経営者だったと自認しています。およそ組織の長たるもの、その末端に至るまでコミュニケーションの到達をまっとうする必要があります。

よくコミュニケーションの秘訣として「報連相」（報告・連絡・相談）がいわれますね。しかし、「報連相」は下から上へのコミュニケーションの場合の教訓です。経営者や部門のリーダーは、逆に上から降りていって下とのコミュニケーションを確保する責務があります。

ところがこれができていない。社員に対するコミュニケーションがどれだけ実現されているか。それはおよそ経営者側の自負するところと遠いものがあります。「労使の意思疎通についての良好度」についての最近の調査によると、会社側がそれを良好と認識している度合いは61・7％なのに対して、同じ事業所の従業員たちが感じているそれは34・6％しかないという結果が出ています（「平成21年労使コミュニケーション調査結果の概況」厚生労働省）。つまり、半分しか届いていない、ということです。

社長や幹部が発信するタイプのコミュニケーションでは、効果的なものもそうでないものもあります。全体発信的なものには、朝礼のような全社員向けのスピーチがあります。リーダーはできるだけ身をさらして、自分の声を聞かせる必要があります。メールや手紙の配布（手書きのものは効果があります）では不十分です。

手紙といえば、社員の配偶者に手紙を出すことは効果がありました。

「会社は今こういう状況なので、旦那さん（あるいは奥さん）には頑張ってもらっている、無理をお願いしている。どうかお許しいただきたいのだけど、ご理解いただき、旦那さん（あるいは奥さん）を助けてあげてください―
といった手紙を出したことがあります。

少人数での会議での発信もやらないよりましですが、あまり効果がありません。社長が熱弁をふるっても、そのメッセージは皆の頭の上を空しく通り過ぎていくことが多い。何人かは目を開けたまま寝ている状態のことがある。会議というか、グループ面談では発信するより、受信することに努めていました。このやり方についても第4章で述べます。

コミュニケーションを一番効果的に確保できるのは、自分の机に呼んで1対1で話すことです。こうすると、相手の社員はあなたのコミュニケーションから逃れることができません。まさか社長や上司が自分の目をのぞき込みながら話しかけているのに、それを上の空で聞いているような社員はいないでしょう。

だから、コミュニケーションを確保するためには、個別コミュニケーションをできるだけ多くする。しかしそうすると頭が痛いのは、時間がかかる、ということです。

でも社内コミュニケーションで時間を取られるのは、別に着任早々でなくても、仕方がないことなのです。「繁栄の黄金律」で示したように、それはすべての有効な経営行動の礎となるからです。私はそう割り切って、長時間を社内コミュニケーションに捧げていました。

カリスマは経営者になった後で望んでも習得できませんが、コミュニケーションのほうは習得できます。何しろ、コミュニケーション・スキルという言葉が使われるくらいです。「スキル」とはつまり「技術」です。技術は何であれ、学習して練習すれば会社の地位や、年齢には関係なく習得できます。

経営者としての私のコミュニケーションも、実はまったくの演技だったのです。自分の生来の性質は、気むずかしくて人と交わることが不得手で嫌いなものです。自分をさらけ出すようなことも嫌いです。若い時も、社長時代も、もちろん今でもそうです。私の家族は私の欠点を「すぐ怒る」ことだと言っています。親しい家族に対しては地の性格をさらけ出しているから、わかってしまっているのです。

経営者時代は、努めて生来の性格をコントロールするようにしていました。機嫌が悪くなって爆発することがないよう、睡眠や休息をよくとり、テニスや水泳などの運動もして、肉体的なコンディションをいつもよくするように心がけていました。

カリスマがなくても、コミュニケーション力でカバーできます。そして、実はこのコミュニケーションは、戦略立案のためのカードを使った作業でも役立つのです。

次章以降はいよいよ、戦略カードを使い、シナリオ・ライティングしていくステップについてお話しします。

第 3 章

3年目標を出すことからスタート

〈課題解決型〉戦略を立案するための10の作業

STEP 1　目標設定

- 作業１ ▶ 「３年目標」のカード出し
- 作業２ ▶ 重要目標カードを選定し、理由を裏書き

STEP 2　目標合意

- 作業３ ▶ 目標合意（できれば）

STEP 3　課題の発見

- 作業４ ▶ 「課題の洗い出し」と重要課題の認識
- 作業５ ▶ ３つの重要課題カードを選定し、理由を裏書き

STEP 4　解決策の策定

- 作業６ ▶ 重要課題それぞれに解決策カード出し
- 作業７ ▶ ３つの重要課題解決策カードを選定し、理由を裏書き
- 作業８ ▶ 重要課題解決策カードに戦術カードを追加

STEP 5　派生問題と対処

- 作業９ ▶ 解決策それぞれに対して「派生問題カード」出し
- 作業10 ▶ 「最大障害カード」に対して対応策カードを選定

1 まず3年目標のカード出しをする

さあ、それではいよいよ「戦略カード」を使ってシナリオ・ライティングを走らせ始めましょう。

もう一度、戦略立案の5ステップと10の作業を右ページにあげておきます。それぞれのステップごとに、順番に解説していきます。

実際にやってもらう作業については、連番をつけて解説していきます。作業連番はこの本の各章を隔てても番号が進んでいくようにつけます。それぞれの作業手順に従っていけば、最後にはあなた自身の経営戦略が形作られる、という構成です。

✧作業1 「3年目標」のカード出し

ここでは、「戦略カード」の左上にある選択肢の中から、「目標」にチェックを入れて使います。これから3年後にどのようなことを実現していたいか、カード出しのステップでは、大きな目標も小さな目標も気にせず、できるだけ多く出します。前に解説したように、「1枚のカードに1つの文章」を「手書き」で、「連想を利かせて」できるだけ多くのカードを書き出してみてください。それぞれの作業で20枚くらいは出せるようにして頑張ってください。

「3年目標」のカードとして書き出せるのは、「定量目標」と「定性目標」があります。「定量目標」には、年商とか、年間利益額とか、マーケット・シェアとか、社員数などの規模感を表す数字を含む文章がすぐ出てくるかと思います。

「定性目標」となると、あなたの会社や部門の環境によっていろいろなものがあり得ます。「××として知られる会社になりたい」とか、「明るく、風通しのよい会社にしたい」などの企業文化的なものから「製造拠点を確保する」、「△△の新商品（新技術）を開発する」などもあるでしょう。

◆カードを書き出す際に陥りがちな失敗

カード出しの段階で重要なことは、次のようなことを考え<ruby>ない</ruby>ことです。たとえば、

「こんな些末なことは3年目標となるのか」

「この目標は実現性があるのか」

「この目標を達成する手順はああする」（先の作業ステップに考えがいってしまう）
「こちらの目標のほうが重要だ」（比較・比定を始めてしまう）

などです。

それらは、このステップではすべて「余計なこと」です。

余計なことは考えないで、ひたすらカードの枚数を多く出してください。手を使ってカードに文章を書き出していると、前に述べたように不思議と連想がどんどん湧いてきて別のカードが出現します。

◆1人で集中して行う

本章以降でも、カード出しの作業ステップは何回も出てきます。その都度、重要なことは、

「1人で集中してやる」

ということです。「1人ブレーン・ストーミング」を行うのですから、連想が途切れてしまうようなこと、たとえば電話が入る、話しかけられるなどの環境から離れてください。

「作業をする」

などと宣言して、書斎や会議室に閉じ込もる、図書館に行く、漫画喫茶の個室に落ち着くなどの環境をお勧めします。

2時間ほどかけて、最低で20枚のカードを出すことを目標としましょう。

公開セミナーやクラスで、私がこのカード出しのセッションを指導する時は、2時間も使えないので、20分くらいで行います。

「何枚出ましたか?」

と聞くと、10枚とか15枚という答えが返ってきます。私は、

「それではあと5分あげますので、もう5枚出してみましょう」

と言います。そうすると、本当に出てくるのです。ヒトの脳にはずいぶん明文化されていない思考が入っているのです。それらはひとたび文章としてカードに固定されると、そのヒトの言語となり、そのヒトの思索として獲得されるわけです。

✧作業2　重要目標カードを選定し、理由を裏書きする

作業1で達成したい目標を出し切ったら、次に「3つの重要なカード」を選び出します。経営のいろいろな分野で、実現したいこと・達成したいことはたくさんありました。作業1でそれを言語として再確認したわけです。それらの中で、部門や全社の責任者である自分が一番実現したいことは何なのか。書き出したカードをすべて並べて考えてみましょう。たくさんカード出しした中から、重要な目標としてどの3つを選び出すのか。

それは、ひとえに経営者としての（あるいは部門責任者としての）あなたの価値観によります。何かの経営セオリーの基準によるものではありません。自分が好きなものを選べ

ばよいのです。

でも、こんなことは言えると思います。

「小さな目標を選んだ人は、その目標が達成できても小さな結果しか得られない」

選んだカードの右上に丸をつけて、選択した印とします。後から他のカードと紛れないようにするためです。

それから、選んだカードのそれぞれの裏側に、「自分が選んだ理由」を書きます。こちらのほうは別に1つの文章でなくても構いません。このカードをどうして（どんな価値観で、どんな判断で）自分が重要と思って選んだのか、その記述を読めば他の人に説明できるようにしておくためです。ヒトは自分の選択や判断について、いつでもすぐに説明できるものではありません。ここでも書き出して言語化してみて、初めて他人に理解してもらえる「概念」として定着するわけです。


裏書きされた理由は、後に「戦略の発表」を行う際、「紙芝居での説明用裏書き」として使うことになります。受けとる側に納得してもらえるかどうかは別の話ですが。

この一連の作業により、経営者としてのあなたの思索が「構成」され「言語化」され「定着・記録」され「説明できる形」になったことに注目してください。

2 網羅主義と効率主義

これ以降、私の戦略立案法では、いくつかのステップで、次の3つの手順を繰り返します。

多数のカード出し　→　重要カードの選出　→　選出理由の裏書き

「カード出し」と「カード選び」は後の作業でも繰り返されますので、もう少し解説しておきます。

◆網羅主義から効率主義へ

70ページでも少し触れましたが、「カード出し」をしながら選んではいけません。

「どれが、どちらが重要なカードか」

「こんなことは可能だろうか、難しそうだからカードに書くのはやめておこうか」

などと考えてしまうと、多くのカードが出てこなくなります。ある時間枠の中で徹底的に思考を振り絞ってください。カードというツールを使って、自分が持ち得る思考概念をくまなく表出しましょう。私はこれを「網羅主義」と呼んでいます。

こうして、「網羅する」行為が終わってから「選択する」わけです。会社を経営していると、やりたいこと、改善したいこと、実現したいことだらけです。しかし、すべて同時に、あるいは同じ時間枠の中で取り組めるわけではありません。

単純に私たちの経営資源は限られているわけですから、何をするにしても実務家としては、「優先順位」をつけて取り組まなければなりません。「優先順位」はどうつければよいか。「効率のよい順番」で考えます。

「カード選び」でもこうして「効率のよい順番」で上位から残せばよいのです。私はこれを「効率主義」と呼んでいます。

「網羅主義」で漏れのない選択肢を出し、「効率主義」で有効な手順などを掲げる。前者は学者の世界、後者はアスリートの世界にたとえることができるでしょう。実際に業績や結果を求められている私たちにとっては、この2つを組み合わせて進んでいくと、最効率の経営ができることになります。

◆3年の時間枠で考える

この本で私が解説している「課題解決型の戦略立案」では、目標の時間枠として3年を標準にしています。「3年目」というのは実際に36か月後でもよいし、その前後で自社の年度末や年末の12月など、切りのよいところでも構いません。

なぜ、3年がよいのか。

まず、5年や10年後の目標設定では、それは実ビジネス的な目標としては遠すぎるのです。

30代の時、コンピュータランド社で営業本部長をしていた時に、別のITの会社であるA社からスカウトの話をもらいました。そこは、とある大手製鉄会社がそれまでに蓄積したIT技術を活用するために設立した、法人向けシステム・エンジニアリングの会社でした。

A社を訪問して話を聞くと、製鉄会社である本社から出向してきたという社長が、

「当社では、本社の指導もあり、まず10年後のマーケットの状況を予測して、そこから翻って、経営戦略を立てます」

と、言いました。

私は、

（これはだめだ）

と思い、早々に退散した記憶があります。

その後、〝ドッグ・イヤー〟といわれるようになったＩＴ業界の変化の早さに、重厚長大の典型である製鉄会社のアプローチが合うはずがないと思ったのです。Ａ社はやはり数年後には撤退することになりました。

戦略目標を立てるのなら、10年後を想定するのは遠すぎます。５年でも同じだと思います。というのは、そんな先の業界の様子、技術の進歩、競合の環境など誰にもわかりはしないからです。

わかりもしない状況に向かって目標の旗を掲げるのは効果がないし、効果がないことをするのは賢いことではありません。５年先10年先にあるべき姿を掲げるのは、「ビジョン」とか「理想」の範疇です。

３年より短いのもあまり現実的ではありません。たとえば、１年後の達成目標を掲げても、来期のことならもう予算やら事業計画やらを設定してしまっていて、今さら大きな新しい手を打つ余地はないでしょう。

リアリスティックな経営戦略家となるのなら、３年時間枠が適当なところとなります。

3 売上げを急回復させろ！

私がフィリップスライティング社の社長に就任した時に選び出した「3大目標」は、次のようなものでした。

①売上げをしっかり回復する。

②組織を再編成する。

③コミュニケーションのよい企業文化を創る。

◆フィリップスライティングで選んだ3大目標

私の場合は「再生経営者」としての取り組みでしたので、これらの3大目標を、3年といわずにできるだけ早期に達成したいと考えました。「それをどうするか」は、次のステップ以降で考えます。ここではまず、しっかりした自分なりの、大きな目標を掲げることが大切です。

選出した目標のそれぞれについて説明する前に、フィリップスライティング社の来歴、経緯について簡単に説明しておきます。

日本におけるフィリップスの照明機器事業は戦後まもなく始まりました。松下幸之助の求めに応じて、1952年に合弁会社として松下電子工業株式会社が設立されたのです。現パナソニックは、この合弁を通じて広くフィリップスの商品や製造技術を導入しました。

1990年代に入り、フィリップス側で財務状態が悪化し、この合弁への出資を引き上げることとなりました。1993年、フィリップス側の株式が1850億円で松下側に売却されて、この合弁は解消されました。

合弁の解消に伴い、フィリップスは日本における事業を独自で展開することになり、いくつかの子会社を設立し、商品分野ごとに受け持たせたわけです。日本マランツ社などもその1つでした。

フィリップスライティング社も、そのような動きの中で設立された子会社の1つでした。当社の場合は、親会社フィリップスが松下電工から離脱するのに先立ち、日本の地場のメーカーを買収するという形で発足しました。1992年に特殊ハロゲン・ランプメーカーであった近藤電気工業所を買収して、翌年フィリップスライティングの社名を名乗らせました。

フィリップスライティング社は、松下電工が担っていたフィリップスの照明機器ビジネスの商権を受け継いだので、発足当初の1992年にいきなり150億円もの売上げを計上するこことができたわけです。

売上げ構成比は、河北工場で製造していた特殊ランプはわずか10%、残り90%はフィリップスのヨーロッパにあるいくつかの照明機器工場からの輸入販売でした。ところが残念ながら力足らずというか、20ページの図に掲げたように、その後3年間で売上げを半減させてしまっていたのです。

◆「なぜ起こったのか」の原因分析は不要！

私が選んだ「3年実現重要目標」の3つのカードの中から、最初のカードのオモテとウラをお見せします（左ページ）。

これを含む3つの重要目標カード出しを、私は着任早々に行ったわけです。その際、重要だったことは、

「〝売上げがなぜ下がったのか〟などは、考えなかった、考えようともしなかった」

ということでしょう。

「分析の森」に彷徨《さまよ》い込むと、出てこられません。「年商がとんでもなく下がってしまっている、どうにかしなければならない」という「事態を認識する」ことのほうがまず重要なのです。

そもそもこの項で書き連ねた発足からの来歴も、この原稿を書くために調べたものです。社長現役時代には、自社の来歴やら過去には一切興味がありませんでした。というのは知る必要

3-1　【戦略カード】３年実現重要目標①

〈オモテ〉

(✓) 目標	(　) 課題	選択マーク	○
(　) 解決策	(　) 派生問題と対処	選択番号	1

売上げをしっかり回復する。

１．１つのことだけを１つの文章で。句点(。)で終わる。　２．多くのカードを出し、最有効を考える。　３．選んだカードは、裏に選択理由。

〈ウラ〉

選択理由：どうして重要なのか？　句点で終わる文章で。複数の文章可。

会社発足以来、3年間で年商が半減した。これが諸悪の根源なので、急回復させたい。

戦略カードTM

がないからです。

「今現在、自社はどんな状態なのか、どんな問題があるのか」

を知るのが重要なことであり、次のステップでは、

「それではどうしたらよいのか」

を考えつくことです。

「それがどうして起こったのか」

そんなことを私は知ろうとはしなかった。引退した今となっても知らないこと、わからないことはたくさん積み残してきています。でも、私はそれだからこそ（「それでも」とは言わないわけです。これが重要です）、業績を急回復させることができたのだと思っています。

きっとあの時、私が過去3年間で売上げが急減した理由を解明・分析しようとしていたら、それだけで数か月の時間を要していたでしょう。そしてその原因なるものを停止・阻止するような経営行動を考え出し、いわば「原因除去」的な対応に走ってしまったと思います。

しかし、そうした行動では、売上げ低減カーブを緩め始めるのに数年かかり、最善の場合でもそのカーブを横ばいにまで持ち直すのがせいぜいだったと思います。まあ、これも仮説ではあるのですけれど。

でも、

「そんな過去対応みたいなことを始めても仕方がない。それよりゼロから新しいことを考えよう」

と思って行動したことは仮説ではありません。何しろ本人が言っているのですから。

あなたが日曜日の朝、近くのファミリー・レストランに朝食をとりに出かけたとしましょう。モーニング・メニューが一新されていることにあなたは気づきました。どうしますか？以前のメニューを一生懸命思い出し、違いを明らかにした上で、前のメニューと今のメニューのプライス・メリットや味のバリエーションを比較検討しますか？　そして、メニューが変更された理由について、徹底的な分析と鋭い推論を展開するでしょうか？

そんなことはしないでしょう。

現在あなたの目の前に置かれたメニューが、あなたの「与件」です。さっさとどれかを選んでオーダーしなければ、いつまでもお腹がすいたままです。

着任した当時に当社の有様を概観すれば、この会社で今一番必要なことは明らかでした。それは当然、売上げの急回復です。ですから私は、このカードを躊躇なく選び出したのです。

4 最も効果があった、「人の組み合わせ」を考える組織戦略

2枚目の「目標カード」は「組織を再編成する」というものでした。

フィリップスライティング社での組織については、第5章で具体的に説明します。どこの会社に着任しても、私が真っ先に目をつけるのが「組織」なのです。ですからこのカードを3年目標の1つとして選出するのは、何も当社の場合に限らないのです。

◆「組織」をいじるのが、最も効果がある

というのは、どこの会社でも問題があるとすれば必ず組織に大きな問題があり、それをいじる（補正する）のが一番効果があることを私は知っているからです。業績を大きく改善したいなら、ということですが。

一般的にいって、会社の業績が不調な場合、原因の多くは単純、単一なものではありません。企業は生き物ですから、複合汚染的にいろいろな分野で問題が発生していて、それらが相互に

3-2 【戦略カード】3年実現重要目標②

〈オモテ〉

(✓) 目標　( ) 課題　選択マーク ○
( ) 解決策　( ) 派生問題と対処　選択番号 2

組織を再編成する。

1. 1つのことだけを1つの文章で。句点(。)で終わる。 2. 多くのカードを出し、最有効を考える。 3. 選んだカードは、裏に選択理由。

〈ウラ〉

選択理由：どうして重要なのか？　句点で終わる文章で。複数の文章可。

どこの会社でも、業績が不調なのは、必ず「組織」に問題があるはずだから。

戦略カードTM

絡み合っている。再生経営者の場合は、その問題が絡み合った複雑でやっかいな状態を、果断に是正していかなければならないのです。

企業の中で起きている種々の症状は、その組織の形態や相互機能の不全状態として出ていることが多い。いや、必ずそうです。それらの不具合を発見して、あるいはまったく新たに考え直して組織戦略を一新すれば、必ず効果が出るわけです。

経営者として会社の経営に対峙する時、あなたは無数の戦略の選択肢に直面するはずです。それらの中でも私の経験からは、組織戦略が最も有効な手立てです。断言してもいい。というのはとても重要な事実として、

「社長は1人では何もできない」

ということがあります。これは事実で、セオリーでさえありません。

経営者の仕事というのは、

「自分が預かった組織を通じて、企業目標を実現すること」

なのです。自分でやるわけじゃない。その手立てを考えて、やらせることが仕事なのです。その意味で、時々見かけるトップ・セールスが好きな社長さんというのは真の意味での経営者スタイルではありません。もちろん、要所要所では出て行かなければならないわけですが。

仕事をやってもらう、経営戦略を実践するという主体が組織全体だとすれば、これをいじって最効率化を求めることが、すなわち業績改善の最効率を求める王道ということになります。

◆ヒトを変えても変わらない

一般論として、組織を最も効率よく運用するためには、どんなことに気をつければよいのでしょうか。

よく聞く言葉に、「企業はヒトなり」というものがあります。松下幸之助の言葉として流布していますが、実際には「事業はヒトなり」（『松下幸之助一日一話』、ＰＨＰ研究所）とあります。「松下電器はまずヒトを作る」という有名な言葉と一緒になって、松下幸之助の発言となったのではないでしょうか。

誰が言い始めたかはともかく、「企業はヒトなり」は本当によく聞く言葉です。会社の経営者も、経営コンサルタントも、ビジネス初学者も、皆口にしますし、経営学部の学生にとってはまず最初に耳にする言葉の1つです。

でも、それって本当なんでしょうか？

私は、「企業はヒトなり」を信じない立場の経営者でした。正確にいえば、「少なくともそれだけではない」

と、思っていました。

なぜか。

それはやっぱり自分自身の経営体験があるからなんですね。


20ページの図表1-2をもう一度見てください。

これは、フィリップスライティング社の売上げの推移を表したグラフでした。初めの3年間で売上げが半減してしまっています。次の続く3年間、今度はその売上げが3倍近くに伸びています。この、前半と後半の業績を担っていたのは同じ人たち、社員たちでした。


24ページの図表1-4をもう一度見てください。

これは、ミード社の経常利益の推移を表したグラフでした。6年半もの長い間大変な赤字に苦しんでいました。次の続く5年間（5年全部はグラフに出ていませんが）、今度は対売上げ経常利益率が安定して8％を超える優良会社に変身しました。この、前半と後半の続いている業績を担っていたのは同じ社員たちでした。

前半と後半で両社での社員数は減ってこそいますが、増えていることはありません。

「企業はヒトなり」だけが真実だとしたら、同じ人たちが同じ会社で業務を続けていて、このように顕著というか真逆の結果が残るのでしょうか。私が関与した会社で続けて起こった事例です。とても偶然であるわけがない。

だから、「企業はヒトなり」だけではないんです。

昔参加したあるセミナーで、堺屋太一が、

「『企業はヒトなり』は組織論の墓場だ」

と言われたことが印象に残っています。堺屋も、会社経営の組織論的な観点からは「ヒトだけで終わるはずがない」と思っていたわけです。堺屋は「企業はヒトなり論」は経営者の言い訳だともおっしゃっていました。

「ウチの会社（あるいは当部門）の業績が上がらないのは、よい人材がいないからだ」

とか、

「皆の能力が3割上がれば、業績も3割上がるはずだ」

とかいうものです。まあ、後のコメントも実際は仮説に過ぎないのですけれど。

人材澎湃《ほうはい》を待望しているだけでは何も起こらない、というのが「組織論の墓場」という見解なわけです。ヒトのことに終始していれば、そのヒトを使ったさらに効率的な経営の構築などに思いがいかない、ということでしょう。

◆組織を活かすための3要素

私は組織戦略最重要論者なので、「企業はヒトなり」に代わって、「組織には3つの重要な要素がある」と信じるに至った経営者です。

それは次の3つです。

①ヒト
②ジョブ・スペック
③組み合わせ

①「ヒト」は個々の社員のことであり、組織を構成する最小単位です。

「ヒト」——つまり社員は実は変わりにくいんです。だから私たち経営者は皆頭が痛い。部門責任者の方たちもそうではないでしょうか。「企業はヒトなり」は、反対願望だと理解することもできると思います。

会社においてはすべての「ヒト」が伸びる・伸ばせるわけではない。それが厳しい現実です。また、よい「ヒト」を的確に中途採用することも、実は難しい。

3-3　組織の３要素

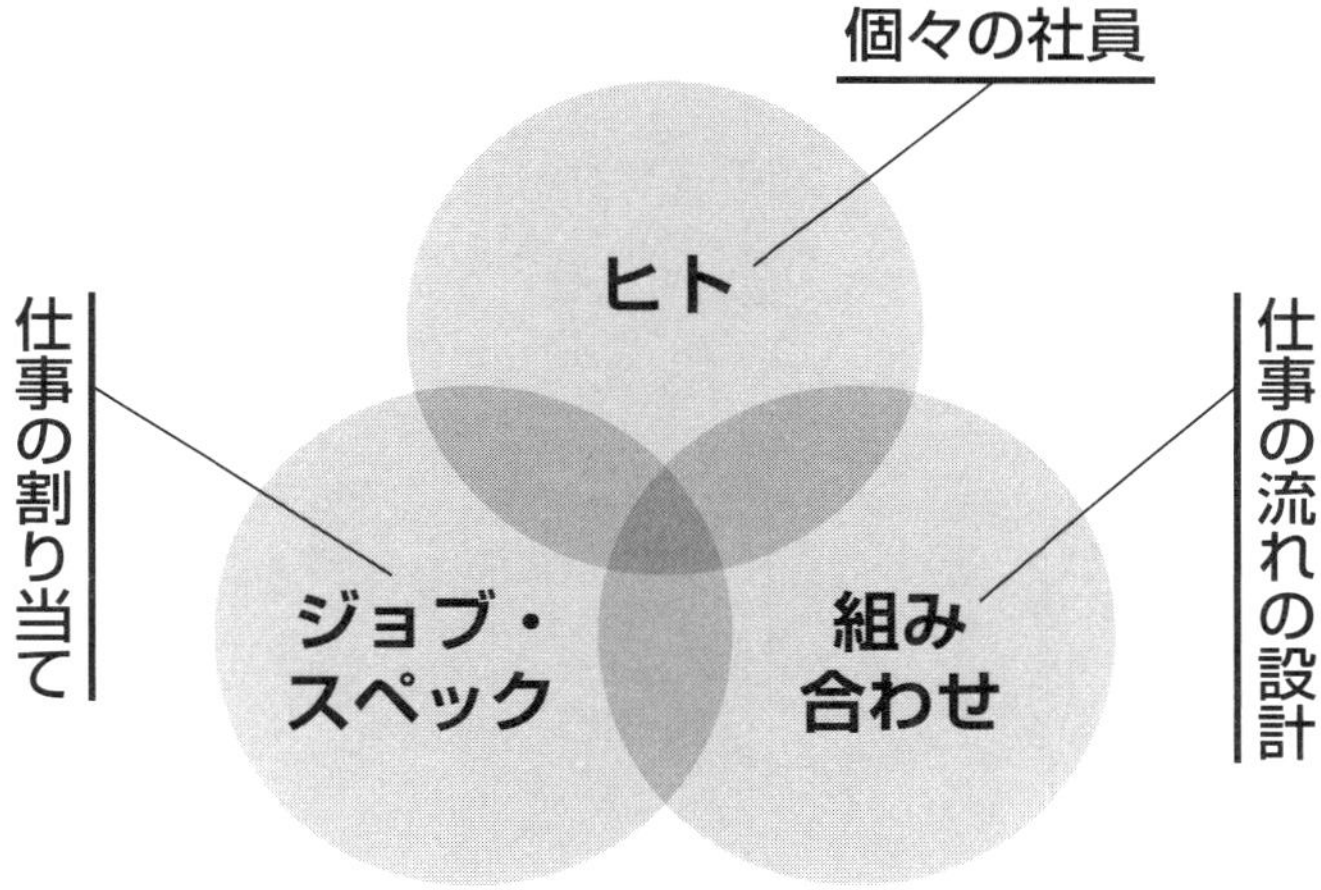

私が現役時代に成した経営行為の中で、一番失敗があり最後まで一番自信が持てなかった領域が、採用でした。

採用面接はとにかく「お見合い」のようなもので、相手は思いっきり着飾ってきます。糊粉の向こう側の美醜くらいはまあ見分けられるかもしれない。しかし、話しぶりまでも思い切りメイク・アップしてくるので始末に負えません。採用面接というのは、相手にとっては一世一代のお見合いですから、限りを尽くして能力や人格を飾り立ててくるわけです。

多数の社員を採用する場合ならまだ平均点で勝負できますが、社員1人だけを採用するような面接で失敗すると、目も当てられません。

私は結局、現有戦力の中から「選んで育てろ」としてきました。それについては第5章で述べることにします。

のことです。

②「ジョブ・スペック」とは、それぞれの「ヒト」に何をやらせるかという、仕事の割り当てのことです。

「業務管掌」と訳し、制度としてそれを持っている会社では、「業務管掌票」により個々の社員の業務内容を明示しています。そのような形で「業務管掌」を制度として実施、管理している会社は外資ではたくさんありますし、日本の会社でもやっているところはやっています。

③「組み合わせ」で一番小さいものは、「ヒトとヒトとの組み合わせ」となります。つまり特定の「業務」を割り当てられた「ヒト」（個々の社員）同士を、どう組み合わせるか。

そして次には、できた小単位（チーム）同士をどう組み合わせるか。さらに、課や部などの大きな単位をどう組み合わせるか。これらの決定により、会社のビジネス・フローやビジネス・モデル（業務の流れ・やり方・分担）が決まっていくわけです。つまり仕事の流れの設計をするのです。

これら3つが「組織の3要素」で、互いに相まって企業のパフォーマンスを決めていきます。

それでは、この3要素を経営者はどのように差配したり、操ることができるのでしょう。

与件という要素が強い「ヒト」に比べ、「ジョブ・スペック」と「組み合わせ」は、会社が自由に選択・決定して実施できる領域となります。いってみれば「マネジメントの出番」であり、業績に直結するポイントです。だから、ここを考えるのが「組織再構成」のホネとなるわけです。

「企業はヒトだから」などといって、よい人材の出現だけを待っていないで、またよい人材がいないからと諦めていないで、最大効率となる組織形態を探し、実現していくのが経営者の役目となるはずです。

成長戦略などは刺激があり派手に見えますが、どこの会社に行っても最大効用があり汎用性があったのは組織戦略の展開でした。

5 風通しのよい企業文化を目指す

私があげた「3大目標」カードの最後のもの。それは、「コミュニケーションのよい企業文化を創る」です（左ページ）。

着任してすぐに私は社内の空気が少しぎくしゃくしていることを感じました。1つは社員たちに自信がない。2つ目は全体的な融和が少ないということです。

最初の自信のなさは、理解できることでした。なにしろ、業績があの有様で、社長は4年の間に4人替わって、私が5人目だという。リーダー不在が続き、今度の新社長は自分たちをどこに連れて行くのか、この段階ではわかっていません。いわば、恐る恐る人の顔をうかがう、といったところだったと思います。

それからやがてわかったことですが、業績が半減していたので彼らはリストラの影におびえていたのです。これだけ売上げが減少していれば、普通の外資なら当然のように実施されていたリストラが行われていなかったのです。

3-4 【戦略カード】3年実現重要目標③

〈オモテ〉

(✓) 目標　( ) 課題　選択マーク ○
( ) 解決策　( ) 派生問題と対処　選択番号 3

コミュニケーションのよい企業文化を創る。

1．1つのことだけを1つの文章で。句点(。)で終わる。 2．多くのカードを出し、最有効を考える。 3．選んだカードは、裏に選択理由。

〈ウラ〉

選択理由：どうして重要なのか？ 句点で終わる文章で。複数の文章可。

社員に一体感がない。チーム・スピリットを実現したい。

戦略カードTM

「果たして新社長は……？」

このような心理状況では、とても新社長に対して率直な態度や物言いをする段階ではありません。

この、まだまだ率直でなく奥歯に物のはさまったような状態を打ち破って、一刻も早く本当の意味で私のほうに顔を向けてほしいと思ったわけです。

◆しっくりしなかった合併会社の社員たち

私に対してだけでなく、社員同士の間でもどうもうまくいっていない気がしました。

前述したように、フィリップスライティング社は１９９２年に地場の特殊ハロゲンランプのメーカーである近藤電気工業所を買収して発足していました。ですから、石巻市にある工場は以前からのもので、１５０名ほどの社員たちがそのまま在籍していました。東京本社と大阪営業所は営業と管理部門で、こちらのほうは私が着任当時85名の陣容でした。この、販管部門のほうに企業文化的な問題が生じていたわけです。

というのは85名のうち、新社が発足した後に採用された社員が50名弱いました。残りの30名強は旧近藤電気工業所からの移籍社員でした。

近藤電気工業所自体は第２次大戦後すぐの発足だったので、これら移籍社員の多くはベテランといってよい人たちでした。

私が着任した時も、部長や課長などの上級および中間管理職の多くは旧近藤組。平均年齢は50代に入っていました。旧近藤電気は地場のメーカーでしたから、社員たちも一部を除いて英語やパソコンとは遠い世界で育ってきていました。

一方、フィリップスライティング社が発足してから採用されたマジョリティの人たちは、グローバルな大手外資に憧れて応募してきた若者たちです。新卒採用も多く、彼らの平均年齢はまだ30歳に届いていませんでした。

ほとんどが平社員。外資を志望するくらいですから、帰国子女も何名もいましたし、TOEICなどの点数もずいぶん高い。当時一般的になってきていたパソコンなども十分に使いこなす、そういった集団だったわけです。

この2つのグループは仲が悪いわけではないのですが、やはりしっくりした感じではない。これらのことは分析的にアプローチしてもわからないことで、感覚的に感じられるかどうか、ということになります。つまりリーダーのセンスと姿勢によらないと、嗅ぎ分けられるものではありません。

とにかく私は、自分に対してだけではなく社員同士でも、いわゆる「風通しのよい」状態を作り出して、皆が率直な雰囲気の中で真摯にやり合い、向上漸進していけるような企業風土を目標として掲げたのです。

6 目標に対して合意を得ておく

作業2で、3大「3年目標」を選定しました。そうしたら、次のステップに進む前に、ここで「目標合意」を行います。

✧作業3　目標合意を得る（できれば）

「目標合意」は、選んだ「3年目標」を組織の上位者に示し合意を得るプロセスです。戦略策定者が部門責任者なら社長や役員会と、経営者の場合は資本家と行います。オーナー経営者なら、役員会に諮ることもあり得ますが、通常は割愛されるでしょう。

なぜこんなことをするかというと、部門戦略の場合ならその上位戦略として「全社戦略」があるはずです（実は整備されていない会社も大変多い）。いずれにせよ、上司となる社長や事業部長にこの段階で自分が考えた「3年目標」を示して了解を得ておいたほうがよいのです。

部門責任者が掲げる目標は、全社目標との整合性がなければならないわけです。この後、「解決策の発見」へとステップを進めていって、最終段階になってから、「社長（あるいは経営陣）が目指しているところは実は違うんだ」なんて言われたら目も当てられない、というわけです。

部門レベルから「目標合意」を提出するのは全社戦略にとってもよいステップです。

経営陣がすでに考えていれば、その既存の全社目標と摺り合わせることになります。そうすると、「部門3年目標」が差し替えられたり、表現の変更を求められることがあります。

逆に全社目標のほうに訂正や追加が入ることもよくあります。それを契機にして全社戦略や中期目標を社長や経営陣が考え始めることとなるのです。

それでよいのです。全社戦略と部門戦略は相互的かつ齟齬のないように整備され、実践されなければならないからです。それが企業にとっての健全な経営戦略整備になるのです。

◆後からの合意でも可能

とはいえ、「目標合意」を省略して進んでしまう経営者もいます。それはそれで実施できないことはありません。

フィリップスライティング社での場合は、目標設定をした段階ではまだ上司であるデビット・ハミルには話しませんでした。彼がいるアジア・パシフィック本部が香港にあるという事情もありました。

9月に就任した私が、ハミルに自分の戦略案を話したのは11月も末になってからのことです。この本でお話ししている「シナリオ・ライティングによる戦略の立案」がひと通り終わり、全体を話せる段階になったと判断した私は、香港に飛びました。

第7章で詳しく解説しますが、本書の戦略立案法を進めていくと、最後に残ったカードを発表用のスライド・ソフト（たとえばパワー・ポイント）に、1カード・1スライドで転記するとそのまま正式なプレゼンテーションに使えるように仕組んであります。

ハミルは私のプレゼンテーションを感慨深げに聞いてくれ、終わると立ち上がって歩み寄ってきて、

「ミスター・ヤマダ、コングラッチュレーション」

と言って固く握手してくれたのを覚えています。

この時ハミルが特に評価してくれたのが、私が提案した組織の再構成プランでした。それは大幅なリストラを伴うものでしたが、それをハミルはとても喜んだ。

「今までの社長の誰も手をつけようとしなかったんだ」

とも言いました。どうも過去の日本人社長の何人かは、この〝ボッシー〟な（ボス風を吹かす、やたら横柄な）ハミルからの減員指示を実施し切れなかったこともあり、更迭されたようでした。

私は別にハミルにおもねるつもりで、新しい組織案を持ち込んだわけではありません。シナリオ・ライティングをしてきてたどり着いた、帰結した戦略案を実践しようとしただけです。

イギリス人であるハミルは堅苦しい男で、ざっくばらんにくだけることのないエグゼクティブでした。私が年上だということもあり、遠慮してくれたこともあったのでしょうが、最後までお互いに裃《かみしも》を脱ぐことのない、いわばぎくしゃくした関係から抜けられませんでした。

フィリップスライティング社での後半期にはついに決定的に対立し、私はやがてヘッドハンターからの誘いに耳を傾けるようになっていきます。

7 体系だった経営戦略の立案法は、ほとんどない

この本で説明している戦略立案の方法は、「課題解決型の戦略立案法」です。「戦略カードとシナリオ・ライティング」と並んで私のオリジナルです。

私は3つ目の社長職となったフィリップスライティング社に着任した1996年以来、この方法を、まず自分の経営に実践してきました。使用するツールや、ステップなどのセオリーは順次整備してきたわけですが、2008年に実業を引退して経営コンサルティングを始めて以来、一貫してこの技法により戦略立案を指導してきました。多くの公開セミナーでも活用してきましたが、今回本書でまとめて開示しています。

◆課題解決型の戦略立案の技法

私のこの方法以外に「それでは経営戦略についてどんな立案法があるのか?」とたずねられると、実は体系だったものはあまり見かけません。

「えっ？」

と思われるかもしれません。経営学の中で、経営戦略の分野は特に重要と思われるでしょうから、納得がいかない気持ちになると思います。

でも、私が見渡したところ、実際そうなのです。「経営戦略」についての話というと、「経営戦略を立てるために、周りのことや自社のことを分析する」という「分析論」と、「著名な会社が戦略展開して成功した実例をケース・スタディにして、〝終わった〟あるいは〝実践途中の〟経営戦略を解説・分類する」などの「解説・分類論」があります。

◆フレームワークから戦略シナリオは生まれない

前者の「分析論」の立場から発展してきた経営論の技法が「フレームワーク」と呼ばれるもので、

「与件としての状況を分析の型（フレーム）に入れ込んで解釈すれば、一定の知見が得られる」

というものです。

いくつもあるフレームワークの名前はまるで経営技法の専門用語のように使われていて、それを知らないと一人前の経営者として恥ずかしいような威圧感を醸し出しています。

また多くのコンサルタントがクライアントを煙に巻くために多用するものでもあります。実際、有名なフレームワークのいくつかは、「戦略ブティック」とも呼ばれる経営戦略専門のコンサルタント会社によって開発されてきました。販売する独自の商品を持ったほうがよい、ということを経営戦略の専門会社はよく知っているわけです。

3-5　本書は実践的な戦略立案法

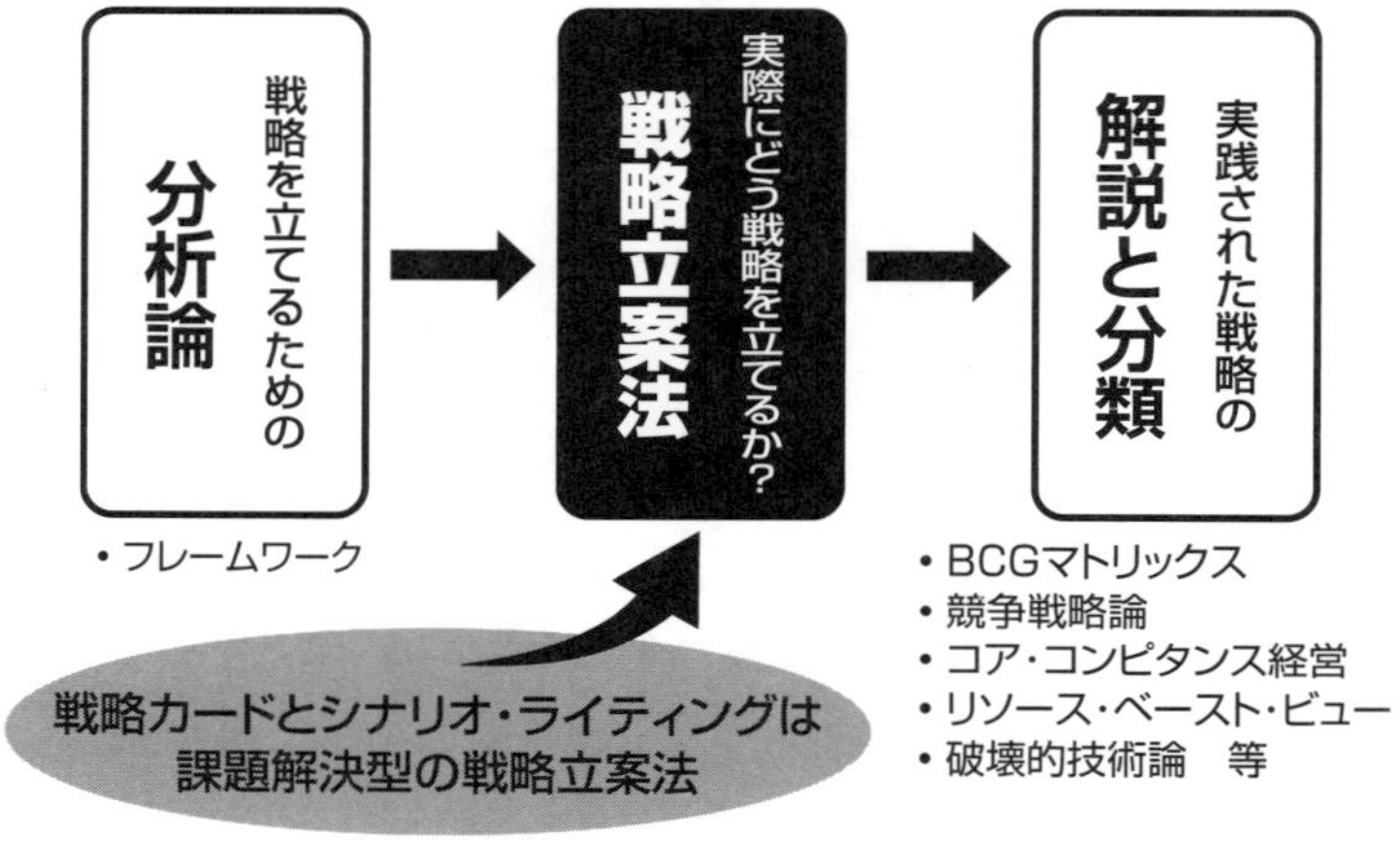

でも個々のフレームワークの名称を並べてみるとわかるのですが、それらの多くは、「語呂合わせ」と「数合わせ」になっています。「用語イニシャルの数合わせ」で著名なものを挙げてみると、

3C（Customer, Competitor, Company）
4P（Product, Price, Place, Promotion）
5F（5Forces）
7S（左ページ）

などです。

ここでは1つひとつについての説明は省きま

すが、ある特定の経営技法の分野で「最重要概念」がいくつも同じイニシャルで並ぶ偶然なんて、私には「ほとんどいかがわしい」と思えるのですが、どうでしょう。少なくとも、ある程度の牽強付会をしなければ、同じイニシャルの用語が集まるはずがありません。

7Sを例に取ると、企業戦略に重要な7つの要素には次のようなものがあるとされます。

①Shared value（共通の価値観・理念）
②Style（経営スタイル・社風）
③Staff（人材）
④Skill（スキル・能力）
⑤Strategy（戦略）
⑥Structure（組織構造）
⑦System（システム・制度）

無数にある経営の行動要素の中で、戦略に関わるものに限れば重要なものはすべてSから始まるものだけだなんて、とても不自然なことでしょう。

でもこれを提唱しているのが、戦略系の「有力」コンサルタント会社であるマッキンゼー社であるというと、何となく理解できなくもありません。たとえば、ある人が経営コンサルタント向けに書いた本には、「語呂合わせの言葉を探して自分の専売特許とせよ」（出典を示さないためにあえて概略）と記述されていました。

これらの例示から考えると、次は「同じイニシャルで始まる6つの専門用語を考えついた学者かコンサルタント」が、戦略専門家として売り出せるはずです。

上述の諸々のフレームワークを使っても、しかし戦略のシナリオそのものは立ち上がってきません。著名な経営学者の中にもそれに気がついている人がいて、たとえばヘンリー・ミンツバーグは、

> 分析技法を使って戦略を開発した者は絶対にいない。
> (『戦略サファリ』東洋経済新報社、1999年)

とまで断言しています。

◆分類タイプのセオリーはいずれ没落する

一方、後者の「解説・分類論」の立場からは、これもいくつもの経営戦略セオリーが生み出されてきました。著名なものをあげれば次のようなものがあります。

①古く1970年代には、ボストン・コンサルティング・グループによるBCGマトリックス理論。PPMともいわれ、「プロダクト・ポートフォリオ・マネジメント」の略ですが、私にいわせれば「プロダクト(商品)」ではなく、「プロジェクト(事業)」の組み合わせ戦略。しかし、単一事業しか持っていない、ほとんどの日本の中小企業に何の価値がある

のか不明。

②1980年代には、マイケル・E・ポーターが教祖として競争優位の概念を広宣流布した「競争戦略論」。

③1990年代では、他社にまねできないような強力な能力を中核として確立し、戦略の基礎とするべきであると主張して、（そんなものを保持してないから渇望していた）多くの経営者たちに歓迎された「コア・コンピタンス経営」（C・K・プラハラードとゲイリー・ハメル）。

④同じく1990年代に入ると、「経営戦略の展開は、企業が有する経営資源によって限定規定される」という立場の「リソース・ベースト・ビュー理論」（ジェイ・B・バーニーなど）。

⑤1990年代後半には、ポーターの「競争戦略論」で説明できない例外的な（つまり汎用的でない少数の先端的な）事業事例を取り上げて注目された「破壊的技術論」（クレイトン・M・クリステンセン）。

⑥2000年代に至って、ビジネス界に青い鳥症候群を持ち込み大きな混乱を与えた「ブルー・オーシャン戦略」（W・チャン・キムとレニー・モボルニュ）。

右記以外にも、

⑦以前からあったけれど、その有用性やら実経営への適用について見当もつかない「ゲーム理論」（A・M・ブランデンバーガーとB・J・ネイルバフ）など。

このような「分類論」の立場から出てきた経営セオリーに見られる傾向は、それぞれの学説の直前数年の間に大変成功した企業に注目し、その成功の秘訣を分析することによって新しい経営戦略セオリーのカテゴリーを提唱する、といったものでしょう。新しい学説を提唱するくらいですから、企業事例としてはできるだけ有名で輝かしいものがよい。そして奇抜なほうがよい。

しかし、この手のアプローチで苦しいところは、それらが例示した有名で成功していた企業の多くが、その後10年といわず5年も経たずに悪業績に苦しみ、「それではあの（新奇だった）経営セオリーもどうだったのか」ということが多い点です。

たとえば、かつて名著といわれた『エクセレント・カンパニー』（トーマス・J・ピーターズ他、講談社、１９８３年）には14の会社が輝かしい成功事例として紹介されていました。私が２００１年に拙著『タフ・ネゴシエーターの人を見抜く技術』（講談社）でそれら14社のその後を検証してみました。すると、４社を除いて（つまり10社も倒産していたり買収されていたり）、エクセレント・カンパニーとしての面影は見るも無残に失われていたのです。

8 方向を示した『ストーリーとしての競争戦略』

◆実践的な戦略立案理論は存在しない？

前述した諸セオリーの中で、経営戦略の立案にいくらか寄与するものとしては、私見によればＢＣＧマトリックスとリソース・ベースト・ビューくらいでしょうか。

経営戦略の「分析論」と「解説・分類論」について、著名なものを紹介してきた私の真意は、

「実際に経営戦略を立てる方法はどこにあるのか」

ということです。

アカデミー（学会）はしかしこのように、「戦略立案」の前と後の話ばかりして、実際の「戦略の立案」のところはブラックボックスのようにしてきました。たとえば第4章で紹介する『コア・コンピタンス経営』（日本経済新聞社）の共著者でもある著名な経営学者のゲイリー・ハメル教授は、「戦略産業の少しダーティな秘密は、戦略創造に関する理論など存在しないことだ」と告白しています。（「株主たちを太らせるキラー戦略」『フォーチュン』誌、１９９７年

6月23日号）

「戦略産業」とは直接的にはこの本の第8章で触れる、経営戦略の提言1つで私の会社に1億2000万円を請求した経営戦略コンサルタント会社などが含まれます。また広義には彼らを理論的に支えるアカデミーも入るでしょう。ですからゲイリー・ハメル教授は自身のことも含めて告白しているのです。

比較的最近（2009年）刊行された『経営戦略の思考法』（沼上幹、日本経済新聞出版社）を紐解いても、その後半で「戦略的思考法の獲得」を啓蒙するばかりで、「戦略の立案はこうやれ」と指南してくれてはいません。

さかのぼる2004年に刊行された『ダイナミック戦略論』（河合忠彦、有斐閣）には、「具体的な戦略の形成」という項目が立っていて、そこには、

以上によって環境分析と優位性分析が終了すると、次のサブ・プロセスは具体的戦略の形成である。

（同書）

とあり、「これは」と膝を乗り出しました。しかし、その後の記述は「この具体的内容は企業ごとに異なり、一般論としては論じにくい」と、なってしまっていて、私としては、「やっぱり、後は自分で考えろということか」と思ったわけです。

その後2010年に至って楠木建が『ストーリーとしての競争戦略』（東洋経済新報社）を著しました。同書には私も同感できる部分が多くあります。

まず、楠木は「ストーリーの展開」といい、私は「シナリオ・ライティング」といっていますので用語から似ています。「ストーリー」では論理性や一貫性が必須だといっていることも、そのまま私の「シナリオ」と共通します。楠木は、

戦略をストーリーとして語り、組織で共有するということは、戦略の実効性を大きく左右します。

（同書）

としました。異論はありません。他にも、彼の「数字を優先しないこと」「よいストーリーが組織成員を引きつける」などは私の主張と同じです。後者の点については、私のシナリオ・ライティング技法では「叙述力」としているのと共通性があります。

楠木は重要要素として「戦略ストーリーの5C」にまとめ、次のものを掲げています。

①競争優位（Competitive Advantage）
②コンセプト（Concept）
③構成要素（Components）
④クリティカル・コア（Critical Core）
⑤一貫性（Consistency）

私は106ページで「次は、同じイニシャルで始まる6つの専門用語を考えつけた学者かコンサルタントが、戦略専門家として売り出せるはずです」と述べたばかりですが、早くも……という感じでもあります。これにもう1つ〝C〟があれば〝6C〟にできます。〝Card〟なんて、どうでしょうか。いやなに、「戦略カード」のことなんですが。

その他にも、戦略構築プロセスのモデルを掲げたり、「コンセプト」や「クリティカル・パス」の重要性を説いているところも斬新で参考になりました。

楠木の戦略論は、それぞれの要素要素としては新味があったり説得力があったりします。しかし、戦略パッケージを作り上げるためにそれらの要素をどう組み合わせていくのかというところで私は混乱しました。「まず、組み立ての順序としてストーリーは終わりから発想すべきなのです」と、書いています。「エンディングから始めろ、考えろ」ということが同書では繰り返し述べられています。

「エンディングから考える」というのは、私の「現実の経営課題から考える」とは入り口が違います。「エンディングから考える」というのを私の戦略立案法のステップに置き換えると、「目標設定」に当たります。

楠木はまた、「エンディングから考える」といったかと思うと、次の章では「始まりはコンセプト」とか、「すべてはコンセプトから」とまで断言しています。

となると、エンディングからなのか？　コンセプトからなのか？　どちらを先にすればよいのでしょうか？

◆最終的には「自分の頭で考える」しかない？

楠木はコンセプトの重要性を繰り返し訴えているのですが、同時に「要するにコンセプトは、自分の頭で深くじっくりと考えるしかないのです」と、突き放しています。「自分の頭？」こうなると読者としての企業実務家は、その頭を抱えるしかない。

さらに楠木が同書で「多くの企業は複数の事業分野を持っています」とした認識には首肯できません。学者に対して露出がある企業情報というのは、大部分が大企業のものであるということを思わざるを得ません。

私たち経営実務家（アカデミーが経営者のことを呼ぶ時に使う名称）が本当に必要なのは、経営戦略を立てる前の前提となる環境分析や、著名企業の戦略実践論の腑分け解説を聞いて感心すること、だけではありません。

私たちは実際に自分の会社の、あるいは自分が責任を持たされた部門の経営戦略を立てる必要に迫られているのです。だから切実に、経営戦略を立案する方法を知りたいわけです。

第4章

直面する課題を徹底的に洗い出し、何が重要なものか決める

〈課題解決型〉戦略を立案するための10の作業

STEP 1　目標設定

- 作業１ ▶「３年目標」のカード出し
- 作業２ ▶ 重要目標カードを選定し、理由を裏書き

STEP 2　目標合意

- 作業３ ▶ 目標合意（できれば）

STEP 3　課題の発見

- 作業４ ▶「課題の洗い出し」と重要課題の認識
- 作業５ ▶ ３つの重要課題カードを選定し、理由を裏書き

STEP 4　解決策の策定

- 作業６ ▶ 重要課題それぞれに解決策カード出し
- 作業７ ▶ ３つの重要課題解決策カードを選定し、理由を裏書き
- 作業８ ▶ 重要課題解決策カードに戦術カードを追加

STEP 5　派生問題と対処

- 作業９ ▶ 解決策それぞれに対して「派生問題カード」出し
- 作業10 ▶「最大障害カード」に対して対応策カードを選定

1 困っていること、解決したいことは何だ？

戦略カードの使い方にだいぶ慣れてきたと思います。それではいよいよ「戦略策定」の実践的な手順に入ります。

✧作業4　「課題の洗い出し」と重要課題の認識

戦略カードを使って、自社（あるいは自部門、以下同じ）に現在ある、あるいは直面している「経営課題」を片っ端から書き出してみてください。ここでは、「戦略カード」の左上にある選択肢の中から、「課題」にチェックを入れて使います。

あなたが経営者なら、自社がビジネスを展開している方法や実績について満足していないと思います（だからこそ、この本を手にしているはずです）。

「いったい何が不満なのか？　何に困っているのか？」

それを短い文章で、１つのカードに書き出します。大きなことも小さなことも、例によって連想を利かせながら、できるだけたくさん書き出してください。少なくとも20以上を目指します。

「課題」についてのカードですから、その表現は「困っている状態」を表す文章にします。

表現の例としては、

「売上げが足らず困っている」

「社員が社長の話をよく聞いてくれない」

「××を製造する機械が当社にはない」

などの否定的なものにしましょう。

これらは最単純化して示した表現例ですので、皆さんがカードに出す時は実態に即して、もう少し具体的なものになるはずです。この時も、

「1枚のカードに1つの文章、それもあまり長くない文章で」

という原則でお願いします。

部門戦略の場合、3つの分野を考えて書き出すと漏れが少なくなります。それは、次のような分野です。

①自分が率いる部門の中で完結しているような課題
（例：組織文化的なこと、チーム内組織のこと、チーム・メンバーに関すること、自部門に割り当てられている経営資源のことなど）

②他部門との関係において発生している課題
（例：営業部門と製造部門、営業部門と管理部門、現場と役員会あるいは経営者との関係など）

③自社の外《そと》、外部との関係により発生している課題
（例：対顧客、仕入れ先、取引先、競合、地域、行政、法律や規制など）

◆重要課題カードの選定は「戦略の入り口」

作業4で自社が直面している経営課題を出し

4-1　課題の領域

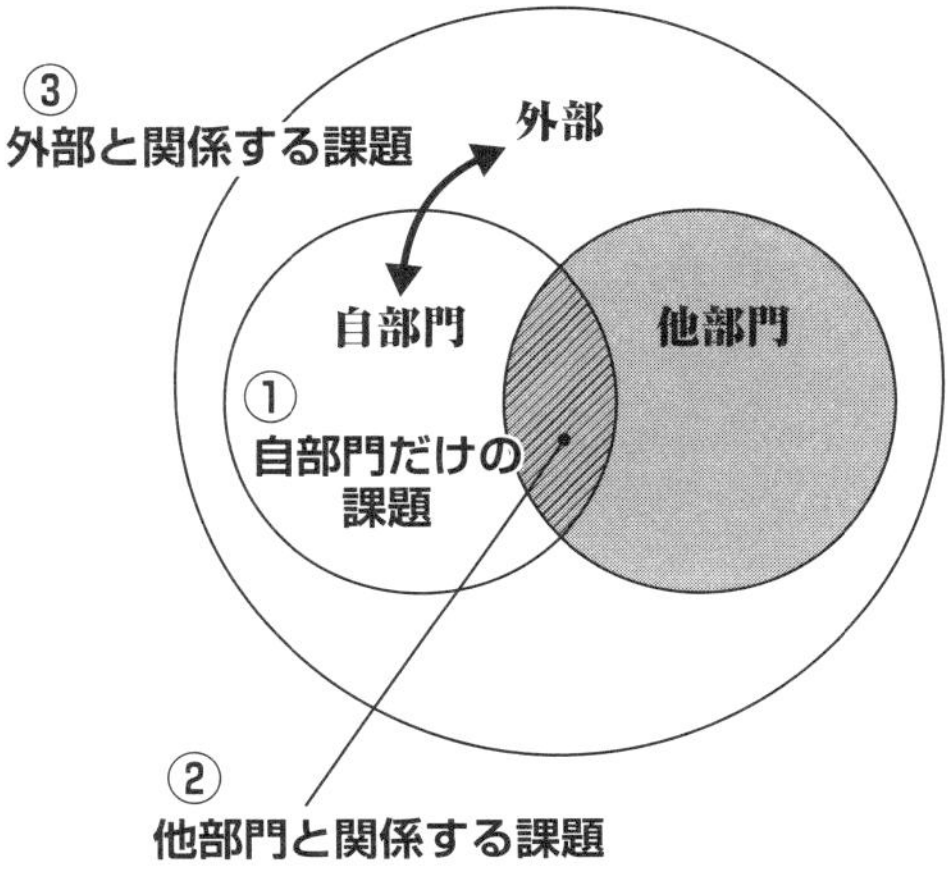

切ったら、次にその中から「3つの重要なカード」を選び出します。

この重要カードの選定が、本書の戦略立案では特に大事なステップとなります。この後、ステップは「解決策の発見」に入っていきますが、それに先立つ「重要課題」カードの選定が、いわば「戦略の入り口」となります。

よい入り口を選べば、よい出口にたどり着く可能性が大きくなります。課題認識と重要課題の選択は、経営戦略家のセンスが問われるステップなのです。

✧作業5　3つの重要課題カードを選定し、理由を裏書きする

20以上書き出した「課題カード」から、どのように3つの重要課題を選ぶかは、これも経営戦略家の価値観となります。1つの大きな手がかりとなるのは、前のステップで選んだ「重要目標」3つを見直してみることです。

「重要目標」と「重要課題」とで混乱してしまうことがあります。前者は「3年後に実現を目指す状態を、肯定的に表現」するもので、後者は「現在直面している困っていることを、否定的に表現」するものとして、それぞれ言語化します。

「重要課題」は、「重要目標」から直接出てくる論理構造にはなっていませんが、1つの指標としては、

「その重要課題を解決すれば、重要目標のどれかの実現に大きく寄与する」

というものがあります。

3つの「重要課題」カードを選んだら、カードの右上に丸をつけて選抜の印とし、その下に「A」「B」「C」とアルファベットによる記号番号をつけます。A、B、Cの順番は任意とします。

3つのカードの裏には、ここでも選択理由を書いておきましょう。

◆重要目標と重要課題は直接つながらなくてよい

作業4と作業5により、ステップ3「重要課題の認識」を遂行してもらうわけです。ここで、ステップ3がステップ1「目標設定」と論理的に直接つながっていないという構成には、意味があります。

というのは、「重要目標」は戦略立案者が自由希望的に設定できます。その実現可能性に対する吟味は、「実現までの時間枠を3年にする」という限定によってある程度担保されますが、ストレッチされすぎた目標（過大すぎる目標）になっていることもあるでしょう。

ところが、ここで行うステップ3の作業は「現実に存在している多数の経営課題の中でも重要と判断されるもの」を選ぶという作業です。ですから、実際に自社・自部門に存在する事象からの抽出です。

「目標設定」が「遠くを見る」という行為で「仮定を設定する」作業なら、「重要課題の認識」のほうは「自分の足元を見る」、つまり「現実を認識する」作業です。方法論と抽出物の性格が異なるので、両者は論理的に直接結合しません。それを理解してもらうと、私が説明しているこの戦略立案法が「課題解決型の戦略立案法」だということをおわかりいただけると思います。

「目標」と「課題」のそれぞれの設定の間に論理的飛躍があるので、「課題解決型の戦略立案法」で戦略シナリオが展開していく本当の入り口は、このステップ3「重要課題の設定」ということになります。

ちなみに、フィリップスライティング社の時に私が選択した3つの重要課題は、次のようなものでした。

A　売上げが急落してしまっているので何とかしなければならない。

B　社員のモチベーションがとても下がっているようだ。

C　組織の手直しが成されておらず、見直しが必要となっている。

「経営戦略」だからといって、大仰な表現や難しい分析などはいりません。このようなわかりやすい自分の言葉で、ステップを進んでいってください。

2 聞いて聞いて、聞きまくる

作業4は「自社の経営課題の洗い出し」というステップでした。

読者であるあなたが経営者だとして、あなたはあなたの会社の経営課題をすべて把握しているでしょうか。

毎日、何かしらの問題で悩んでいることはわかっています。しかし、それらの頭痛の種となっている問題を、「整理された概念」として、また「自覚した経営課題」として言語化、リスト化できているでしょうか。

私の場合、どこの会社に着任しても新任社長だったので、そもそも生の情報さえない状態からスタートしました。

神様でも悪魔でもない私が、着任して数日を経ずして全社の様子をくまなく把握して、問題点をきれいに整理。各課題の優先順位までつけて、業績を劇的にターンアラウンドさせる戦略プランをただちに立ち上げる。そして粛々とそれを実行し、反対するものは鬼をもひしいで断行して、その結果赫赫《かくかく》たる戦果を短期間にあげた……なんてことはなかったわけです。

まあおかげさまで戦果はどこでもあがりましたが、プロセスとしてはまったく違う。

何もわからない。ではどうするか。

聞くしかないのです。それしかない。

◆全社員との面談を実施

私は着任早々に、秘書の安部さんに、

「社員の人たちとの面談を最優先して組んでください」

と頼みました。

「1人も漏らさず、徹底的にお願いします」

ともつけ加えました。

東京本社には77名いたので、まずその人たちからスケジュールを組んでもらいました。

スケジュールを組む際、私が出した指示は、「次の3つを確保してほしい」というものでした。

- **公平性**
- **網羅性**
- **定期性**

4-2　階層別に密なコミュニケーションをはかる

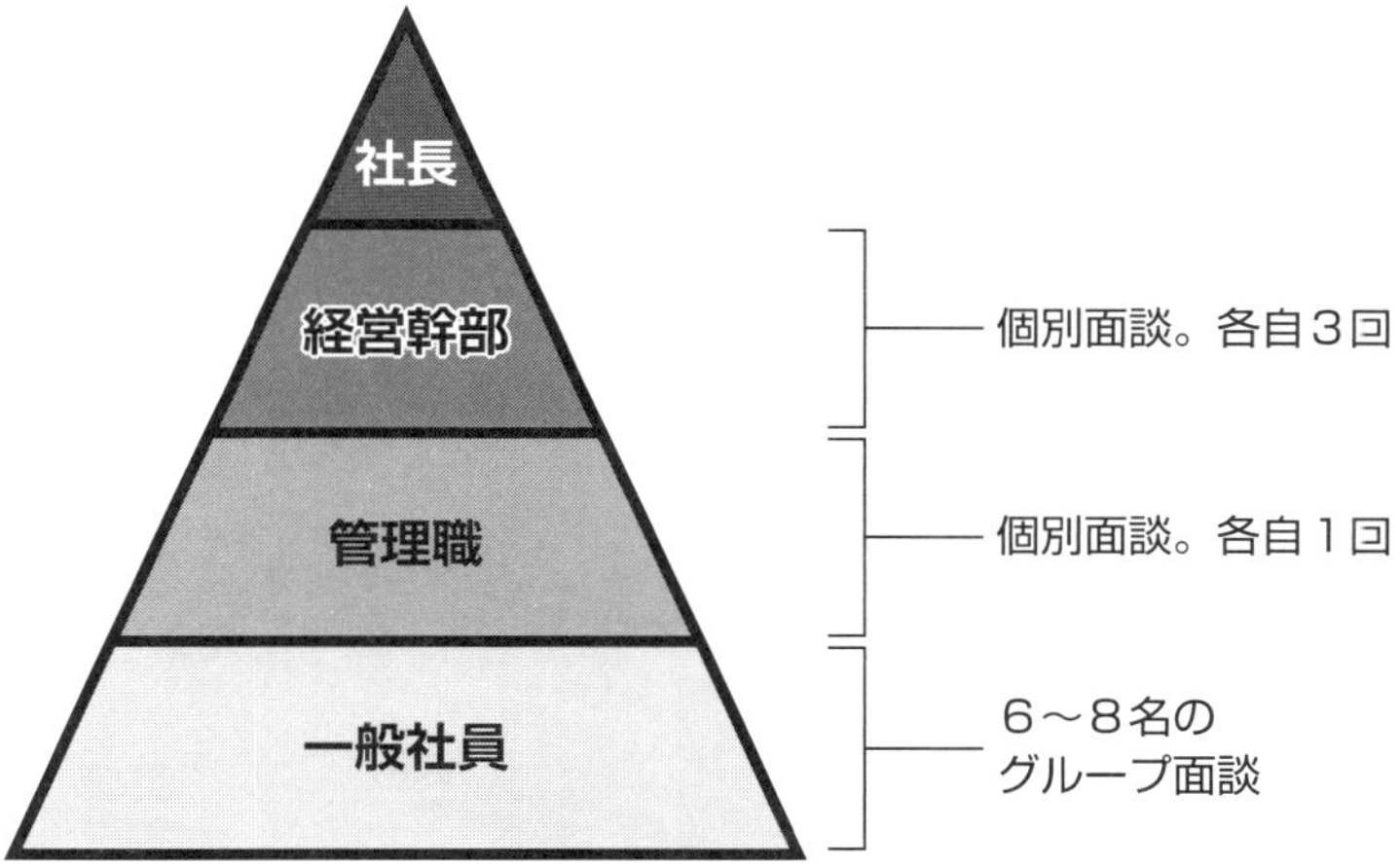

もちろん全社員と個別面談したかったのですが、77名相手ではそうもいきません。「網羅性」と「公平性」を担保するために、「階層による濃密の区別」を実施したわけです。

経営幹部たち――経営会議を構成していた8名――とは当然、個別面談です。最初の2か月で各自と3回ずつ会うことにしました。部長や課長たちとはこれも個別面談としたのですが、とりあえず最初の1回を組んでもらい、一般社員の人たちとは、6～8名のグループ面談としました。

ただし、同じ部署の人同士のグループにはせず、組織横断的に、またできるだけ入社年次が近い人同士でグループを組んでもらうようにしました。グループの中で上下関係的なものがあると、下位にあたる社員が萎縮してあまり発言してくれないのではないかと思ったのです。

大阪営業所には7名が在籍していたので、所長は東京の部課長と同じ頻度としました。大阪の一般社員とは、3人ずつ面談したと思います。

石巻市にある河北工場は大変不便なところに位置していて、日帰り出張が難しかった。だから私はまず東京と大阪をしっかり押さえることを旨とし、工場には当面月次の訪問をすることにしました。

これら一連の、個別面談・グループ面談で私は何をしたか。

「聞いた」のです。

◆実践的な改善提案と出会える、面談の進め方

河北工場を月次で訪問した際のグループ面談の話がわかりやすいので、例にあげます。

河北工場に行くと、いつもランチを会議室で、現場の人たち10人ほどととることにしました。勤務時間中に集まってもらうと、操業しているラインに支障を来すからです。グループ面談は社業なので、会社が弁当を用意します。

会議室で大テーブルを囲むわけですが、新社長と現場の社員さん同士、話が弾むはずがありません。私のほうでアジェンダ（議程）を用意していきます。

最初の挨拶がすむと、

「皆さんから話を聞きたくて集まってもらいました」

と切り出します。

「仕事の中で困っていることを、それぞれ3つほど教えてください」

雑談やら、お互いの自己紹介は抜きです。新しい経営方針などの堅い話は朝の全体朝礼でしてしまいます。グループ面談では突っ込んだ話を聞きたい。私が「話をしたい」のではないのです。

「ではテーブルの左側から、とりあえず1人1つずつ教えてください」

「ひと回り終わったらもうひと回り、そんなやり方です」

などと話して、さっさと始めます。

皆最初のうちは戸惑っていますが、「1人1つ」「仕事に関連したこと」と示されたので、何となく話し始めてくれます。

私は弁当の横に戦略カード（この時は市販の情報カード）を広げ、一生懸命メモを取ります。

「1つのカードに1項目」は、その時からの原則です。

指摘されたことに対して、会社の経営者として反論したいこともあったり、説明したくなったり、意見を述べたくなる時もありましたが、基本的には聞き役に徹して1人でも多く、1つでも多くのポイントを出してもらうように努めました。ですから、工場でのランチ面談ではいつも自分はろくに弁当を食べられなかったものです。

昼休みの1時間のうちに、大体2回りはでき、多くは3回り目の途中でタイムアップとなります。私は皆にお礼を言い、現場に散っていくのを見送ります。

私の手元には20数枚のカードが残っています。カードですから自由に並べることができます。私はこれらを3つのグループに分けます。大体、30分でできてしまいます。

- **社員の独りよがりや、単なる〝おねだり〟的なもので、考慮するべきでないもの→無視**
- **それなりに筋が通っている問題提起だが、解決するのに部署間での調整や予算的な措置が必要なもの→会社側の宿題として検討**
- **それなりに筋が通っていて、調整や多額の予算を要しないもの→直ちに実施**

そして工場長に来てもらい、私の分類を見せ、意見を求めます。工場長は工場長で意見や見解を述べ、いくつかのカードは所属していたそれぞれのグループを移動することもあります。それでも2人で一緒にカードを検討し合意するのに、小一時間もかかりません。

「それでは」

と、社長として私が指令を出します。

「最後のグループについては、今週中に改善実施をして、来週の月曜日には私に報告してください」

当たり前ですが、その通りになります。

こうして月次の、（社員側にとっては）恐る恐る始まった現場の人たちとのランチ・ミーティングが滑り出しました。そうするとおもしろいものですね、だんだん社員たちが待っていてくれるようになります。河北には150人の社員がいましたから、管理職を除いた社員たちがひと回りするのに1年少しかかります。

「社長、実は今日社長と話せるので普段考えていたことを用意してきました」

「？」

「書いたものを持ってきましたので、後でぜひ読んでください」

レポート用紙数枚に手書きで書き連ねたメモを渡されることも出てきました。

この、工場におけるランチ・ミーティングは圧倒的に好評でした。河北工場には労働組合があり、そこの委員長は東北の労働界に聞こえた、いわば武闘派の人でしたが、私は非公式の場ではこの人にまで感謝されました。フィリップスライティング社の後はミード社、その後はキッチンハウス社と、いずれも地方に工場を持っていた会社の経営が続いたので、どの会社でも実施しましたが、どこでも、

「社長と話ができるなんて初めてのことだ」

「ちゃんと話を聞いてくれて、いくつかのことはすぐに実施してくれる」

などの反応が返ってきました。

実は、礼を言わなければならないのはこちらだったんですね。というのは皆さんが要望してくれたことは、すべて「改善提案」だったわけです。それは一義的には皆が働きやすく、あるいはよい労働環境を求めたことですが、それはすなわち効率や品質、モラルのアップにやがてつながっていくようなことだったのです。


今は、作業4のカード出しの話をしていました。それは「課題の洗い出し」作業でした。ここで話したのは、何の予備知識もない「新任社長にはわからない話」であるものを、どのように課題として出していったのか、についてです。

あなたの会社の課題については、経営者もしくはマネジャーであるあなたは、ある程度わかっていると思います。それらを自分で考え整理して、出していけばよいのです。

もし、なかなかわからないのであれば、私が行った方法も有効だと思えます。私は自分で考える代わりに、社員の皆に聞いて廻ったのです。

3 社長は寂しく1人ランチ

新社長に就任すると、しばらくは幹部や社員との面談で大変忙しい。最初の1か月は、顧客や取引先で重要な挨拶回りの他は、社内コミュニケーションの日程が最優先されます。どこの会社に行ってもそうでした。

最初の月が終わっても、3か月目あたりまではランチといえば秘書の安部さんが組んでくれた社員とのランチです。その時期が過ぎ、面談ランチが入らない日が出てくると、今度は私は1人で食事をとります。つまり、弁当を取ってもらって社長室で1人で食べることになります。出張に出た時などはもちろん別です。同行した社員たちと気楽に食事を楽しみます。

◆「公平性」を大事にする

なぜ1人でランチをするのか。

それは、不公平になるからです。

私が経営指導をしている会社の専務さんもそうです。彼の場合は下からの持ち上がりですが、代表取締役のついた専務（つまりＣＯＯ）となった時点から、社員たちとのお昼外出はやめにしたそうです。

「落ち着いて話をしなければならない時だけ、その特定の部下をお昼に誘います」

つまり陪食させるわけです。決して対等なわけではない。

「その代わり、必ず私のほうで（つまり会社の経費で）払います」

これはビジネスなんだ、ということを知らせるわけですね。

「他の会社の社長や役員の人たちにこのことを言うと、不思議がられるんですが、山田先生、何かおかしいでしょうか？」

いえいえ、そんなことはありません。でも私もこの件で、同志を初めて見い出した気がしました。

ランチに出かけようと、社長室のドアを開けてフロアに出てくる。すると、そこに近い席を占めている何人かの決まったメンツか、たまたま立ち寄っていた上席の社員を誘うことになるでしょう。そうでなければ、社長も人の子、少し歩いても気心の知れた、気の合った社員を誘うのが普通でしょう。

（だって、仕事ではない。昼飯を食いに行くだけだもの）

そう思っているんでしょうね。

でも、それは不公平なんですね。社長はその組織に1人しかいない特別な存在なんです。その特別な存在との結びつきを強められるのが、席が近い、気が許せる、そんなことでいいのでしょうか。それでは席が離れている人はどうなるのでしょう。

「そんなに堅苦しく考えなくても」

と、思われるかもしれません。でも、

「私は社内コミュニケーションを大切にします」

と言った3つのポイントには、「公平性」が入っていたことを思い出してください。

ついでにいうと、私は社員と夜飲みに行ったことはたぶん一度もありません。フィリップスライティング社以来の習慣となりました。これは単純に自分が酒を飲まないということと、アフターファイブに忙しい個人的な事由があったためでもありますが。

社長が酒好きでよく社員を酒に誘う。飲みニケーションは必ずしも否定されるべきものではないでしょう。でもその場合、飲めない社員たちとはどう接しているのでしょうか。

4 効果的な事業部戦略をチームで立案する方法

「戦略カードとシナリオ・ライティング」によって経営戦略を立てる方法は、実は「グループ」でも実施できます。たとえば事業部別の部門戦略を立案する場合です。

以前指導したある会社には、３つの事業部がありました。

「それぞれの事業部の戦略立案を指導してほしい」

との要請があったわけです。

◆まずカード出しをする

私は、それぞれの事業部から3人ずつ、参加メンバーを選んでもらいました。事業部長は必ず入りますし、後の2人はそれに次ぐ職制の上級管理職に入ってもらいます。

それぞれのステップで、「カード出し」の作業は事前課題として個々人でやってきてもらいます。その時、指示することは、

「お互いに相談しないこと」

「カードを見せ合わないこと」

です。事業部長を含む3人の上級幹部がそれぞれの問題意識でカードを出してきます。

この第4章でいうと、作業4（課題の洗い出しと重要課題の認識）のところが個人ベースの事前作業、作業5（重要課題カードの選定、理由を裏書き）のところがグループワークとなります。

◆グループ作業でカードの「島」を作る

作業5では、グループの3人が大机の前に立ちます。複数の事業部のグループワークを、同時に同じ部屋で進行することは避けます。

1グループではそれぞれの参加者が20枚程度のカードを作ってくることはざらですから、3人が集まるとカードの数は60枚から100枚となります。誰かをディスカッション・リーダーに指名して進行させます（このリーダーは、それぞれのステップで変更します）。

リーダーは皆のカードを机の上に提出させ、「似たもの集め」を始めます。これを「島作り」（専門用語では「クラスター分析」）と呼びます。リーダーは皆にそのプロセスを見せながら、かつ自分の判断を述べながら進行します。他の2人は、それを手助けします。つまり、「それならこっちのカードも入るね」

などと、リーダーの判断について疑義を提出したりします。

結局、いくつもの島と、島に属さなかった孤独なカードが何枚か残ります。孤独なカードは、それも島と同等の扱いを受けます。

◆最重要な「島」を選び出す

そうした上でリーダーは、

「どの島が当部にとって重要課題なのか」

のディスカッションをし、3つの島を選んでもらいます。3人で、最重要と思われる島を選ぶためにはそれぞれの経営価値観が表出されます。最後に3つの島を選び出した時には、その選出理由はしっかり言語化されています。

3つの島を選んだら、次に、それぞれの島を代表するカードを選出します。島の中のカードを代表する表現を、改めて新しいカードを起こして書き出すこともあります。いずれにせよ、各グループ代表として選んだ3つのカードの表に印をつけ、裏には選抜理由を書き込みます。

4-3　グループワークの実施方法

① グループワーク前の準備

１事業部から３人を選出。
事業部長とそれに次ぐ職制の上級管理職を選ぶ。

② グループワーク前の事前課題

各個人で
作業４　「課題の洗い出し」と重要課題の認識
を行う。お互いに相談しないこと、見せ合わないことを徹底する。

③ グループワークの実施

②で作成したカードを持ち寄り、３人で
作業５　３つの重要課題カードを選定し、理由を裏書き
を行う。ただし、個人で作業する場合とは多少異なり、以下の手順を踏むとスムーズに進行できる。

⑴ ディスカッション・リーダーを選出
⑵ カードを分類して「島作り」をする
⑶ 重要な３つの島を選ぶ
⑷ 島を代表するカードを選び、その理由を書き込む

◆問題解決型の研修としても有効

この、グループによる経営戦略立案法では、参加者の意思疎通と、立案した戦略への納得感が高まるというメリットがあります。

何しろそれぞれのステップで自分のカードを提出し、討議によって重要なカードを選んできたわけですから。納得感が醸成されることは、その戦略の実践段階でのコミットメントが大いに期待できる、ということでもあります。

デメリットとしては、進行に時間がかかることがあげられます。

つまり、事前作業とグループワークの組み合わせなので、3人の上級幹部の日程を調整しなければならない。カード選びのセッションでも、1人でやるよりは時間がかかる。私のようなファシリテーターが進行指導してもグループ・セッションでは毎回2時間程度を見込んでおかなければなりません。

グループワークによる方法は、本格的な経営戦略の立案に限らず、初級から中間までの管理職に対して問題解決型の研修としても大変有効です。

1人では部門戦略の立案をするレベルまでに能力開発が進んでいない初級マネジャーは、この方法でグループワークのメンバーにすると意思決定に参加できます。また、そのやり方を自らの経営技法として習得できるというメリットがあるわけです。

5 戦略で大事なのは、分析よりも課題の問題意識

経営戦略を策定するために、この本では「目標設定」した後に、すぐ「課題」の設定をしてもらいました。

このステップの進め方は、今までの経営戦略のセオリーなどからすると異例なものとなっています。というのは、前に述べたとおり、従来の経営戦略論では、何しろイヤというほど「分析」の過程があったからです。

第3章では、数字とイニシャルの組み合わせによるフレームワークの例をいくつかあげましたが、「分析論」の立場でも様々な「語呂合わせ」が提唱されてきました。たとえば次のようなものです。

ＰＥＳＴ分析
５Ｆｏｒｃｅ分析
３Ｃ分析

SWOT分析
バリューチェーン分析
VRIO分析
これらの分析論についての紹介、詳述はここでも割愛します。というのは本書の立場は、「いくら分析してもきりがない、それより直面している自分の経営課題を認識するところからスタートしよう」
というものだからです。

◆整然とした分析の世界、雑然とした戦略の世界

30代のはじめ、MBA留学を果たして帰国した私が最初に奉職したのがアメリカン・エキスプレス日本支社でした。そこでクレジット・カード部門のマーケティング部に所属したのですが、一度だけ翌年の事業計画策定を手伝いました。

アメリカン・エキスプレス日本支社の関係者は、毎年作成するその事業計画書のことを「Book」と呼んでいました。300ページ以上もあり、本論が始まる前の全体の半分くらいは延々といわゆる「外部環境分析」をしたものでした。先に並べた専門用語でいうと、PEST分析やSWOT分析、3C分析などにあたります。

しかし、日本の政治動向やGDP推移から始まる経済全体の動向、為替の見込み……そんな

資料を膨大にかき集めてページを埋めていたことがどれだけ実際の事業展開の役に立つのか、大いに疑問を感じたものです。

「おまえは戦略に疎かったからではないのか」

などと突っ込まないでください。直前にＭＢＡを取得して帰ってきたサンダーバードでの専攻は、「企業戦略論」だったのです。

「戦略の神様」として崇められているマイケル・ポーターは、「戦略を立案するための分析を私は重んじている」としていましたが、別の立場の経営学者であるヘンリー・ミンツバーグは次のように批判しています。

ポーターは完全に思い違いをしている。分析テクニックにより戦略を立案した人物は、過去に一人もいない。分析の世界は、理屈により整然と説明がつき、白黒がきれいに割り切れる。それに対して戦略の世界は、雑然としていて、さまざまな要因が複雑にからみ合っている。

（ヘンリー・ミンツバーグ『マネジャーの実像』日経ＢＰ社、２０１１年）

かといって、ミンツバーグ自身も具体的で体系立った戦略立案法を示してくれているわけではないのですが。

◆他社のことより自社のこと

経営戦略を立論するにあたって、私がたどり着いた立場は次のようなものです。

「分析することは無限にあるので、深入りしてはいけない」

前述した分析手法の中で、採用するとしたら3C分析くらいでしょう。

3つのCとは

(My) Company (自分の会社)

Competitor (競合)

Customer (顧客)

のことです。自社の経営戦略を立てる時は、これら3つをざっくりと見ます。それぞれについてどう目をつけるかというと、自分の会社については強み(何ができるのか)、競合についてはやはり強み、顧客あるいは市場については「不のつくものを探せ」といっています。

4-4　3Cから戦略の方向性を探る

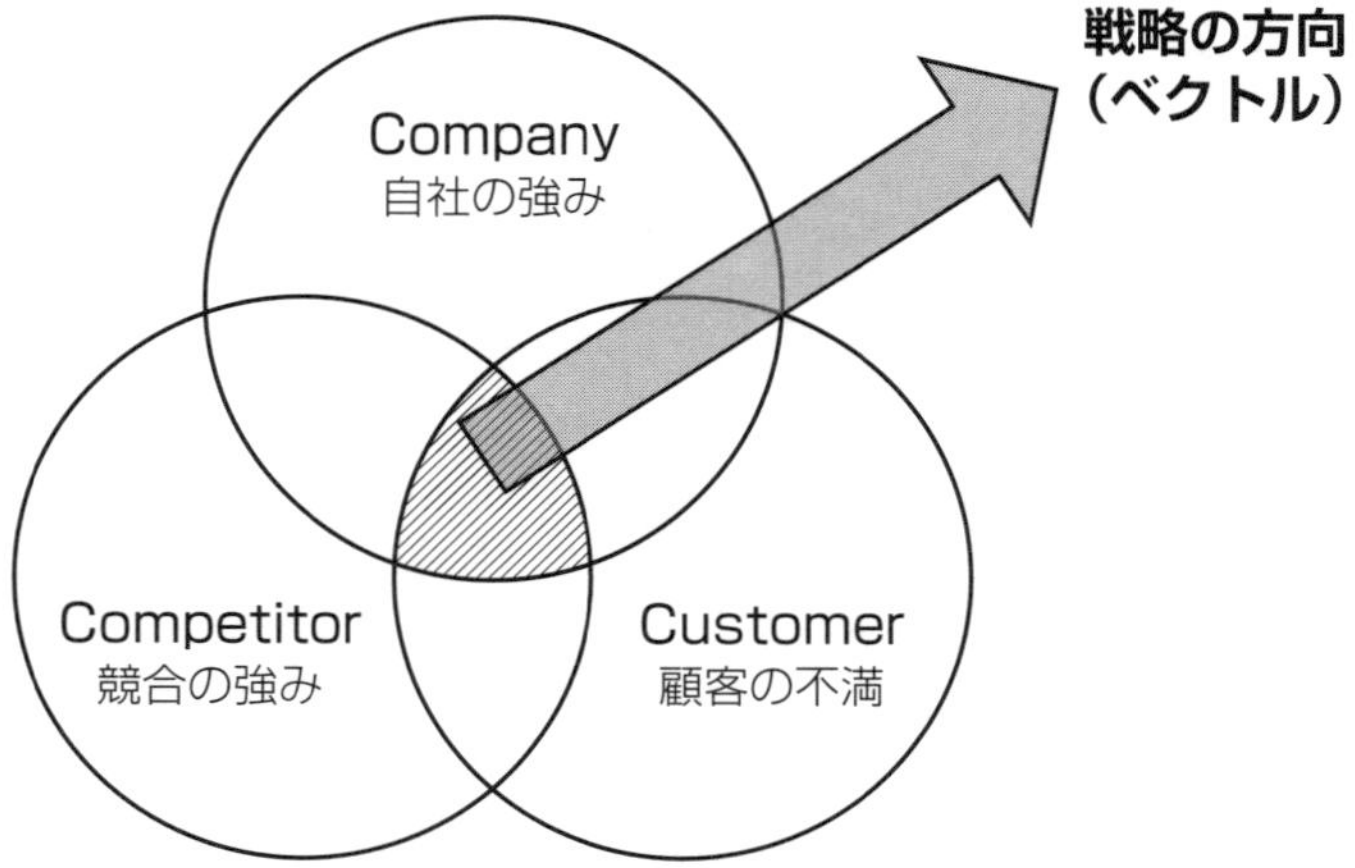

「不のつくもの」というのは、顧客が抱えている不便や不満、不足などのことです。

将来の状況については、あまり先のことを考えても鬼などに笑われるので、現在の状況をまず把握すればよいのです。それから、競合の状況のことを心配するよりもまず自社のことを心配しましょう。所詮他社のことですから将来どうなっているかもよくわからないし、それをどうすることもできません。

本書の戦略立案方法が、まず自社・自部門の重要課題の洗い出し、認定から入っていくのはそのためです。自社のことなら、課題を認識できればその解決には希望があります。

実地で役に立つ経営戦略を立てられるようになるには、ですから自分の会社あるいは部署が抱えている経営課題を正しく認識できる問題意識が不可欠です。そして、戦略カードというツールを使ってでも、課題認識に漏れのないよう、隅々まで目を配れるだけの繊細さと、徹底力が求められます。

最後に「どれが重要か」という、経営者としての正しい価値観、わかりやすくいえば「鼻の利き方」によって、経営戦略家としての差がつきます。

「戦略カードとシナリオ・ライティング」をたどっていけば、誰でも自分の経営戦略を立てることができます。しかし、その出来不出来については策定者のセンスや問題意識によることを忘れないでください。

6 観念論だった コア・コンピタンス経営

さて私が提唱している3年という戦略時間枠の観点から、前述した著名な経営戦略セオリーを眺め直すと、納得できないものも出てきます。

たとえば、今世紀に入る前に一世を風靡した『コア・コンピタンス経営』（ハメル&プラハラード、日本経済新聞社、１９９５年）です。この本は、欧米はもとより日本でもベストセラーとなり、現在でも知られている書物であり概念かと思います。

その基本的な考え方を沼上幹は次のように要約しています。

コア・コンピタンスとは、今、目に見える製品やSBUではなく、その背後にある知識・行動の体系である。このコア・コンピタンスを武器として、企業は新しい事業を創出し、長期にわたって競争に打ち勝ち、利益を上げていくのである。

（沼上幹『経営戦略の思考法』日本経済新聞出版社、２００９年）

SBUとは戦略的事業単位の略です。企業の中で、個々の製品や個別技術、あるいは個別事業で競争していくのではなく、その企業が根源的に有し、他社にマネされにくい中核能力によって未来の市場を制覇しようというセオリーです。

著者たちはこの本の冒頭で、

一〇年後に業界はどう変わっているか、自社の経営幹部は明確な共通認識を持っているだろうか。

（ハメル&プラハラード『コア・コンピタンス経営』日本経済新聞社、1995年）

と問いかけていますが、私は「そんな先のことを考えるのは有効なことだろうか」と思うわけです。一方で同書の後のほうでは、

デジタル情報産業は動乱が永遠に続くだろう。

（同書）

とも記しています。動乱が永遠に続くという業界の10年後をどう見通せるというのでしょうか。

◆不確かな予想に頼りがちな「意図的戦略」

私は、3年後でさえ見通せるのはせいぜい自分の会社のことくらいだと思っています。自分が率いているわけですから、どんな方向に向かい、どのくらいのところまで到達できるか、ある程度見当がつきます（実はそれさえも不確かな会社のほうが大多数なので、今、この本を読

んでもらっていると思います)。

ところが、たとえば競合が3年後に向かって何をしようとしているのか、そんなことは産業スパイを送り込みでもしない限りわかりません。いや、送り込んでも実はよくわからない。というのは競合もあなたの会社と同じように、試行錯誤しながら市場対応している会社が大部分なのですから。

「お客や市場がどう変わるのか?」

本当に10年後のそんなことがわかっていれば、それに向かって一直線に進み、10年後には業界での巨大企業となっているでしょう。実はハメルとプラハラードはこの本で、まさにその実現を啓蒙しているのです。

でも、ちょっと待ってみましょう。もしある会社に10年後を見通すことができるのなら、そんな方法論があるのなら、それは他の会社にも可能になることではないのでしょうか。とすれば、長期的にも複数の会社が同じような戦略を展開することに帰結します。つまり実際にはこれからもずっと、「レッド・オーシャン」的な戦闘を繰り広げていくのが現実となるはずです。

私自身はこのように、未来への見通しを立てることはそんなに簡単ではないと思っているのですが、『コア・コンピタンス経営』の著者たちは、少なくとも数カ月の間、経営幹部は二割から五割の時間を、社内問題にとらわれず未来を考えるために積極的に使わなければならない。

（同書）

などとアジっています。私が社長時代にそんな幹部を見つけたら、降格は必須です。責任を果たしていないとの誹りを、その当人に大いに浴びせることになります。

大体、『コア・コンピタンス経営』（原著は1994年発行）でいわば模範生として取り上げられていたいくつもの企業はその後どうなったか。

新しい戦略設計図を描くプロジェクトに二〇〇〇人以上が参加した。（略）全社でおよそ延べ三万人時間がつぎ込まれ、その三分の一以上は通常の勤務時間外に行われた。

（同書）

と著者たちが絶賛したEDS社は、ITのデータ・アウトソーシングを受託する分野での巨人企業でした。

一〇年後にはまったく違う会社に生まれ変わっているだろう。

（同書）

と、これはいい意味で著者たちが成した予言でしたが、実際にはEDS社は大不調に陥り、2008年にはヒューレット・パッカード社に買収されてしまっています。

『コア・コンピタンス経営』でハメルとプラハラードが提唱したことを要約すると、

「10年、15年後を見通して、まず現在、自社の卓越した強みを整備し、これからの経営行動を規定しよう」

ということになるでしょう。

このように、最初にできるだけ精緻な経営戦略を立案整備してから、それに沿って経営行動を取っていこうとするやり方は当然あります。事業そのものを、戦略計画を整備してから始めるという立場です。このような場合の経営戦略は「意図的戦略」と呼ばれます。

◆陳腐化を最小限に抑えられる「創発戦略」

一方、最初はあまり細かな戦略計画を立てないで始めたり、状況の変化によって考えていく経営戦略は「創発戦略」と呼ばれます。ある学者は次のように定義しています。

たとえ事前に作成された戦略を持っていたとしても、いったん市場で実行に移されると、しばしば当初の姿とは似ても似つかないほどにその戦略を修正しなければならなくなる。創発戦略（emergent strategies）とは、時間の経過とともに「出現、発現」してくるか、もしくは当初実行に移された時からは原型をとどめないほどに変容した競争優位獲得のためのセオリーのことである。

（ジェイ・B・バーニー『企業戦略論』上巻、ダイヤモンド社、2003年）

経営戦略というのは、企業を取り巻く環境や企業自身の状況に応じて形成されるべきものなので、それはひとたび成立すると、そのとたんに陳腐化が始まるという構造、宿命を持っています。

ですから、最初にあまり大がかりで精緻な経営戦略や部門戦略を立てないほうがよい、というのがこれまでの経営体験からお勧めできることです。

「すぐに陳腐化が始まるのなら、なぜ経営戦略など立てる必要があるのだ」

と思われる読者もいらっしゃるでしょう。

その疑問に対しては、

「ある時点での与件をくみ取って、その時点から近い将来にわたる経営行動を規定する必要はやはりあり、その言語化を実現するための効果的な手法が提供されなければならない」

と考えます。

そして何より組織成員（社員たち）にわかるような形、つまり言語パッケージにまとめなければなりません。

その方法としては、「創発戦略」がよいとの立場です。

7 神様、マイケル・ポーターの限界

この本では、この後『コア・コンピタンス経営』以外の主要な経営戦略論についても、順次その有効性を検証していきたいと思います。

さて、経営学には3人の神がいると思います。

- **マネジメント（経営）を〝発明〟したピーター・ドラッカー**
- **戦略論のマイケル・ポーター**
- **マーケティングのフィリップ・コトラー**

戦略論の分野で現在でも神格化されているのがマイケル・ポーターです。ポーターは1980年代に「競争優位」の概念を掲げて、その「競争戦略」論の分野だけでなく、経営戦略論全体で最も著名な存在になった学者です。

ところが彼のセオリーに対してその後、いくつもの批判や指摘が重ねられてきたことはあま

4-5　ポーターの5Forces

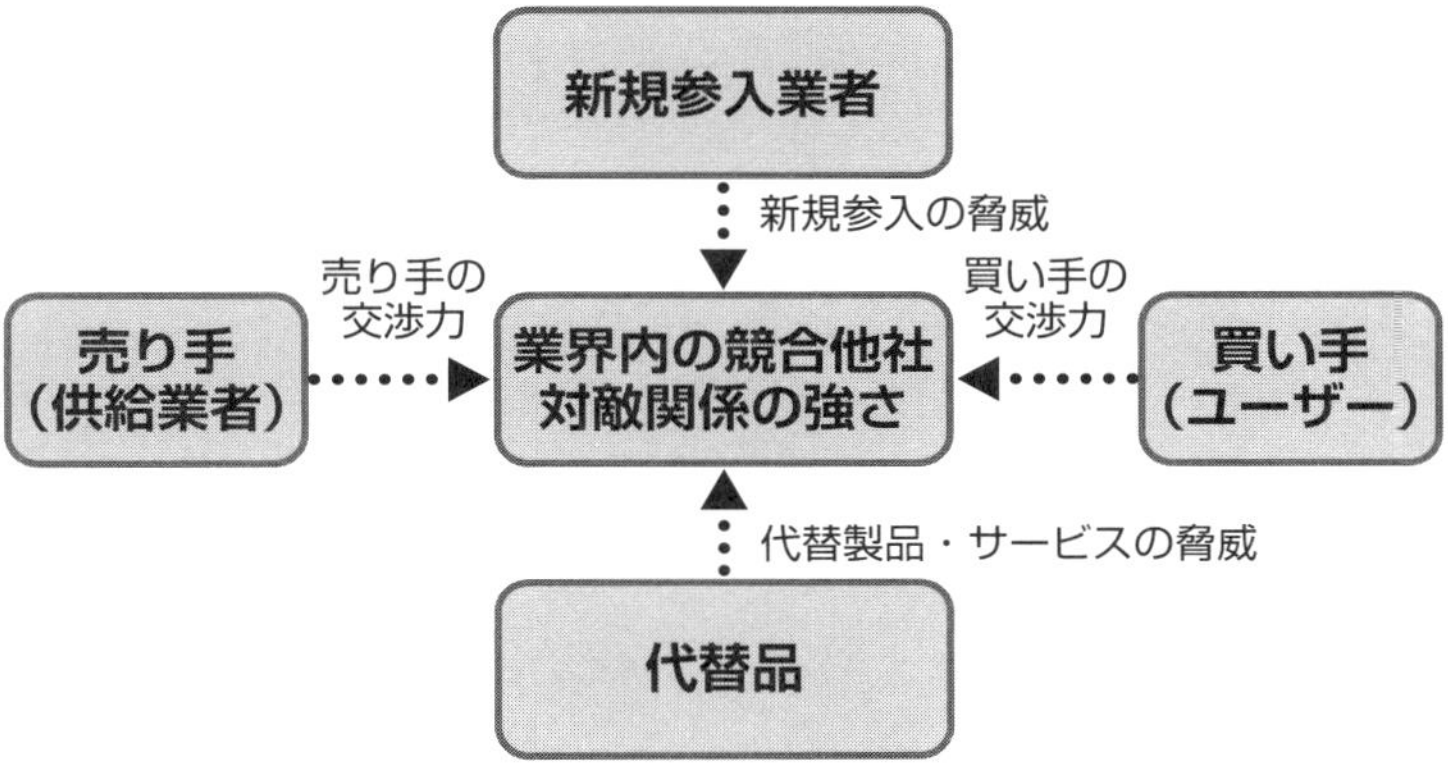

出典：M.E.ポーター著『競争優位の戦略』（ダイヤモンド社）をもとに作成

り知られていません。

◆5Forcesへの疑問

たとえばポーターには有名な5Ｆｏｒｃｅｓ（ファイブ・フォース：自社を取り巻く5つの脅威）というフレームワークがあります。

ポーターは上図4-5の中に示した5つの要因をすべて自社にとっての直接あるいは潜在競合と考えました。

ところがこれらの要素の中には自社にとってのステークホルダー（利害関係者）が入っています。取引先や顧客までも潜在競合と見なすことが現実的な経営戦略としてはどうなのか。

ランチェスター戦略学会副会長の福田秀人は次のように批判しています。

供給業者や買い手、すなわち、仕入れ・外注先や顧客を、頭から脅威と決めつけ、力関係にものをいわせて要求を通すことを前提とする戦略は、顧客や仕入・外注先からの積極的な協力をえられない孤軍奮闘戦略となる。（略）外注した方がはるかに効率的な仕事も、社内にかかえこみ、組織がどんどん膨張し、かつ複雑になる。（福田秀人『リーダーになる人の「ランチェスター戦略」入門』東洋経済新報社、２００９年）

実際、日本のビジネス風土を観察すれば、大メーカーは一生懸命部品や素材メーカーとの長期的な関係の樹立に腐心していますし、外部協力工場（委託製造先）をしっかり組織化することに邁進してきました。いわゆる「系列化」です。流通でさえ、コンビニエンス・チェーンを見れば、外部業者との緊密なサプライ・チェーンの構築を競っているわけです。

ポーターが立論の際に立脚した欧米のビジネス世界をリードしているのは、ＷＡＳＰ（White Anglo-Saxon Protestant）と呼ばれる人たちです。彼ら、狩猟文化の人たちにとっての基本となっている競争社会における文化や価値観が、ポーターの戦略観の背後には見え隠れします。

一方、農耕民族文化である日本は、何といっても協調と助け合いの価値観を有しています。納入業者やお客さんまで敵対視しながらのビジネス行動などは、なじまないことなのです。

５Ｆｏｒｃｅｓを駆使するポーターの理論は、参入（ポジショニング）すべき産業やカテゴリーを弁別するためのものとして理解されています。たとえば沼上幹は次のように説明しています。

この分析法は、ある業界あるいは市場セグメント（業界の一部）から潜在的に利益が得られるか否か（利益ポテンシャル）を判断することを目的としており、（略）

（沼上幹『経営戦略の思考法』日本経済新聞出版社、2009年）

しかし、実際にいくつもの会社の経営を任されてきた私としては、企業というものはそのように、特定の業界を選んでから事業参入するものだろうかと疑問に思います。社会人経営大学院などで創業者コースでも専攻したような人でもない限り、このような意思決定プロセスをとることは稀なはずです。

現在、事業展開している事業家や会社の場合、自社の経営資源を活用できる隣の領域（ドメイン）に多角化展開をするのがせいぜいなのではないか。そもそも、日本には421万社もの企業があり、それらのほとんどは中小企業です。そんな会社が事業を新展開する産業分野を白紙で考察検討するような場面が、一体どのくらいあるというのでしょうか？

◆ポーターの理論はどんな環境にも当てはまるか？

またポーターの競争戦略論の根幹をまとめると、

「コストリーダーシップ戦略（安値販売）か、差別化戦略（機能を付加する）のどちらかで、これらの2つは両立しないのでどちらかに集中しなければならない。」

というものになると思います。これは、一般的にはある商品に機能を加えたりして強化すると、そのための追加コストが発生するので、「コストリーダーシップ戦略」は弱化すると考え、だから両方を追い求めてはならない、ということです。

このポーターの考え方が果たしてどんなビジネスにも当てはまることなのか。

ポーターのこの二極戦略論を河合忠彦が図表4-6に概念化しています。

図表4-6で、とある商品カテゴリーAについて想定される〝有効市場〟内における競合のポジショニングを考えるわけです。河合はこのグラフでの価格軸で、上のほうが低い価格、下のほうが高い価格というユニークな表示法を取っているので注意してください。

商品が何であれ、市場で受け入れられる価格帯には上の限度があり、それが縦軸のP(H)点として示されます。また、供給者側が供給可能な最低価格はP(L)として示されています。HはHighでLはLowです。商品カテゴリーAの理論的な〝有効価格帯〟はこの2点の間だ、ということです。ちなみにPはPrice(価格)、横軸のDはDifferentiation(差異：ここでは機能の差異のこと)を意味します。ポーターは「コスト」という語を使っていますが、市場に対しては「プライス」という語による軸のほうがふさわしいでしょう。

一方、この商品カテゴリーAの機能としてP(H)(最高可能価格)で提供できる最高機能がD(H)であり、P(L)(最低可能価格)で提供できる機能はD(L)点となります。商品カテゴ

4-6　コスト・リーダーシップ戦略と差別化戦略

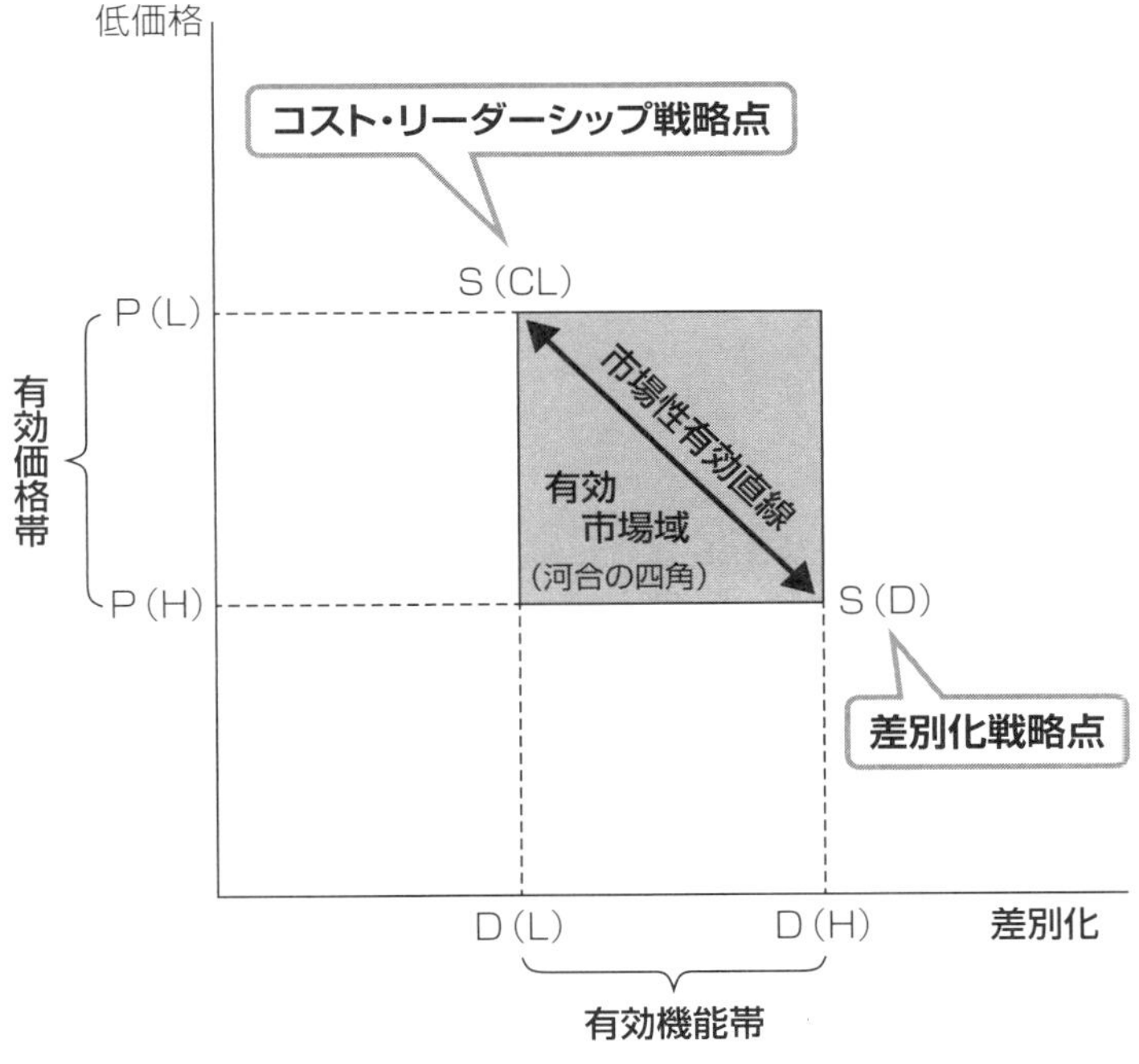

出典：河合忠彦「中央大学ビジネススクール公開セミナー（10年11月19日）配布資料」をもとに作成

リーAで、消費者あるいは購買者が供給を受けることのできる機能はD（L）とD（H）の2点の間（〝有効機能帯〟）ということになります。

図の中でS（CL）点とS（D）点を結んでいる〝市場性有効直線〟が、この商品カテゴリーAに対しての市場参入者が位置取りしそうな場所を示します。もし参入者たちがラショナル（合理的判断）な行動をしていれば、という前提ですが。

河合はこのグラフで、市場性有効直線の両端がポーターの二極戦略のそれぞれを表しているとしました（2010年11月19日、中央大学ビジネススクール公開講座「最新経営戦略論―ダイナミック戦略論」）。

すなわちグラフのS（CL）がコスト・リーダーシップ戦略点、S（D）が差別化戦略点と説明し、たとえばS（CL）にポジショニングした商品が最安価格なのだけれど、この同じ商品が機能を強化しようとすると追加コストが発生するので、S（CL）―S（D）直線を右斜め下に移動（再ポジショニング）せざるを得ないと考えられます。これでマイケル・ポーターの戦略論は説明できる、と河合はしました。ここでSはStrategy（戦略）、CLはCost Leadership（コスト・リーダーシップ）を意味します。DはDifferentiation（差異化）を意味します。

河合によるポーターの戦略論のグラフ化はわかりやすい解説だと思います。通常的な商品（サービスや技術も含んで考えます）は、河合グラフにアミをかけて示された四角形の中に〝有効市場域〟として位置取りしてくると考えられます。このグラフの中での〝有効市場域〟は、「河合の四角」と呼ぶことにしましょう。

しかし、実ビジネスの世界では、すべての供給者がS（CL）―S（D）直線に沿って分布（商品を提供）するわけではありません。企業はラショナル（合理的判断）な行動をしないことも多く、またそもそもポーターの競争理論を意識・信奉してポジショニングしているような企業のほうが少ないわけです。

さらに、〝市場性有効直線〟に近接して誰もポジショニングしていない領域が発生していることも実際にはあります。そのような競合が発生していない「競争の空域」では、〝市場性有効直線〟から離れ、商品価格を「河合の四角」の下部近くに設定する企業も存します。つまり、「競争の空域」では高い価格設定ポジショニングが可能となります。そんな企業行動は、「ニッチ・マーケットへの特化」であると私は考えます。

ポーターの二極分化の戦略論には、その後例外となる業界や企業が多数指摘されるようになりました。つまり、「河合の四角」に入らないような商品が存在するし、あるいはその後出現してポーター理論だけでは説明できなくなったのです。その結果、第3章で述べたような、「ポーター後」のいろいろな戦略論が台頭しました。

第 5 章

「有効な解決策」を思いつくことが戦略だ

〈課題解決型〉戦略を立案するための10の作業

STEP1 目標設定
- 作業1 ▶ 「3年目標」のカード出し
- 作業2 ▶ 重要目標カードを選定し、理由を裏書き

STEP2 目標合意
- 作業3 ▶ 目標合意（できれば）

STEP3 課題の発見
- 作業4 ▶ 「課題の洗い出し」と重要課題の認識
- 作業5 ▶ 3つの重要課題カードを選定し、理由を裏書き

STEP4 解決策の策定
- 作業6 ▶ 重要課題それぞれに解決策カード出し
- 作業7 ▶ 3つの重要課題解決策カードを選定し、理由を裏書き
- 作業8 ▶ 重要課題解決策カードに戦術カードを追加

STEP5 派生問題と対処
- 作業9 ▶ 解決策それぞれに対して「派生問題カード」出し
- 作業10 ▶ 「最大障害カード」に対して対応策カードを選定

1 解決策は無限にある、どうする？

作業5で重要課題を3つに絞り込みました。しかしこの3つの重要課題を同時に扱うわけにはいきません。課題A、課題B、課題Cとして、どれからでもいいので、1つずつ取り組んでいきます。

✧作業6　重要課題それぞれに解決策カードを出す

ここでは、選択した重要課題カードそれぞれに対して解決策を考えます。紙幅の都合上、この本では「課題A」に対する展開のみを例にお話しします。フィリップスライティング社の社長就任時に選択した3つの重要課題の筆頭のカードを図表5-1に掲げます。

1つの課題に対して、できるだけ多くのというか、考えられる限りの解決策をカード出ししていきます。例によって、「1つのカードに1つの文章で」という方式によります。

5-1 【戦略カード】課題A

〈オモテ〉

( ) 目標　(✓) 課題　選択マーク ○
( ) 解決策　( ) 派生問題と対処　選択番号 A

売上げが急落してしまっているので、何とかしなければならない。

1．1つのことだけを1つの文章で。句点（。）で終わる。　2．多くのカードを出し、最有効を考える。　3．選んだカードは、裏に選択理由。

〈ウラ〉

選択理由：どうして重要なのか？　句点で終わる文章で。複数の文章可。

過去3年間で売上げが半減している。これがルートコーズ（諸悪の根源）。

戦略カードTM

◆矛盾を気にせず、思いつく限りのカードを

フィリップスライティング社における私の課題Aカードは、

「売上げが急落してしまっているので、何とかしなければならない。」

というものでした。この問題を解決するか、少しでも軽減すると思われる方策を考えます。

売上げ増進を図る方策としては、次のような分野での対策がすぐ思い浮かびました。

商品戦略

- 新機能を持った商品を投入する
- 同じ商品でも名前や包装を変えて再投入する
- 商品数を絞り込む

マーケティング戦略

- 広告を強化する・やり方を変える
- 広告以外の告知方法を探る
- 顧客向けのセミナーなどのイベント活動を推進する
- 外部の展示会に参加、アピールする

流通戦略

- 代理店を増やす

● 代理店を集約、減らす
● 直売りを増やす
● 直売りはやめる
● 紹介制度を始めて紹介者にはコミッションを払う

価格戦略

● 価格を上げる
● 価格を下げる
● 個々の商品に対して価格を再設定する（上げ下げの両方がある）
● 特定の重要商品だけ価格を個々に見直す

組織戦略

● 営業部の人員を増やす
● 特定商品に人員を振り向ける
● 営業部員の能力向上の施策を考える
● 営業部のチーム編成（課の構成）を再検討する
● 営業が営業に集中できるよう、カスタマー・サポート部隊を強化する
● 売上げ報奨（歩合）制度を導入する

考えつくカードには、「価格を上げる」、「下げる」のように相反する施策も入りました。しかしカード出しをする時はこれで構いません。他のカードとは関係なしに「1つのカードに1つの文章（1項目）」で、できるだけ多くの可能性、あり得るやり方を書き出すのが肝心です。

課題の1つに対して、思いつく限りの解決策をカード出ししたら、それらをテーブルの上に並べ、「重要解決カードの選定」を行います。

✧作業7　3つの重要課題解決策カードを選定し、理由を裏書きする

カード選定の基準は、課題に対する有効度の可能性です。経営戦略の場合、事前に有効証明を行うことはできないので、あくまで有効であろうという蓋然性を判断します。

カードが多数出ていますから、共通項のあるものを集めて、グループ化します。その過程に触発されて、さらにカードを書き出せることもあります。

グループ化して、その中のカードを点検してみると、同じような施策が出ていることもありますが、2枚以上のカードを寄せての「合わせ技」的な施策がひらめくこともあります。そのひらめきも別のカードに起こし、言語化しておきます。最終的なカード選びが終わるまで、カードは多く出れば出るほどよいのです。

グループ化の後に、いよいよ最終有効カードを数枚、典型的には3枚選び出し、例によってそれぞれの裏に選択理由を書いておきます。

2 売上げを3年で3倍にした「選択と集中」という解決策

フィリップスライティング社での戦略課題A：「売上げが急落してしまっているので、何とかしなければならない。」に対して、私が選び出した3つの重要課題解決策カードを順次示して説明します。それは以下の3つです。

解決策1　重点的な戦略商品を選び出して、特化集中する。
解決策2　営業組織を最適化するために、再構成する。
解決策3　マーケティングやプロモーションのやり方を最適化・一新する。

まず最初の「解決策1」カードです。

「重点的な戦略商品を選び出して、特化集中する。」というカードを私が選んだ理由を、少し詳しくお話ししておきます。

5-2 【戦略カード】解決策A－1

〈オモテ〉

( ) 目標　( ) 課題　選択マーク ○
(✓) 解決策　( ) 派生問題と対処　選択番号 A-1

重点的な戦略商品を選び出して、
特化集中する。

1. 1つのことだけを1つの文章で。句点(。)で終わる。 2. 多くのカードを出し、最有効を考える。 3. 選んだカードは、裏に選択理由。

〈ウラ〉

選択理由：どうして重要なのか？ 句点で終わる文章で。複数の文章可。

社員数に対して商品が多すぎる。
技術的優位を持っているものから
選抜する(優位を持っているもの
も大胆に捨てる)。

戦略カードTM

◆勝負できる戦略商品を選び出し、経営資源を集中させる

オランダ本社のフィリップスはヨーロッパ最大というか世界でも有数のエレクトロニクス・メーカーです。しかし、その創業から今に至るまで中核としている事業が照明機器であることは、日本ではあまり知られていません。

実際には、アメリカのゼネラル・エレクトリック（GE）社、ドイツのオスラム社と並んで、世界3大照明機器メーカーであり、その中でも筆頭の地位を占めています。ですから、その品揃えや先端的な技術も世界最高峰といっても過言ではありません。

しかしながらその事実（親会社が業界で世界最大）が、そのまま日本法人の弱点となっていたのです。

最大の品揃えや、最高峰の先端的な技術を日本で拡販に当たっていた販管部門の人員は、私が着任した時はわずか85名でした。一方、日本市場での主なプレイヤー（競合）といえば、松下電器産業（現パナソニック）グループであり、東芝グループ。その他にも、照明機器のシェアを分けていたのは、三菱電機、日本電気、そして日立という巨大メーカーでした。

それらのグループはどれも、子会社まで入れれば数万人、あるいは10万人にも達する組織規模の大企業群です。当時は、町の電気屋さんも「ナショナル（松下）・ショップ」や「ソニー・ショップ」などの看板を掲げ、系列以外の商品は互いに扱わないといった排他的な商流までも

5-3　2大戦略商品の比較

		ヘッドランプ	プロジェクター・ランプ
①	価額	2,500円×4（1台）	25,000円
②	OEM	自動車メーカー	エレクトロニクス・メーカー
③	見込客数	9社	10社程度
④	競争優位	高照度	小型化
⑤	参入障壁（競合）	大	大
⑥	市場成長	高級化傾向	欧米で急拡大中
	結果	**シェアは5%から45%へ**	**商品の奪い合いに**

が確立されていたのです。

このような地場の巨大な競合に対し、85名の部隊は、彼ら（競合）をはるかに凌ぐ品数や技術を売り込もうとして苦闘していたわけです。市場カバーや効率の点で、勝ち目はありませんでした。

そのような状況の中で、私は「解決策1」カードから、具体的には商品群の「選択と集中」を行うことに舵を切りました。つまり、いくつかの戦略商品を選び出し、拡販のために経営資源をそこに集中する、という戦略です。

選び出した戦略商品群から、私はさらに2つの最重点戦略商品を選びました。自動車用のヘッドランプとパソコン・プロジェクター用の高輝度ランプ（UHPランプ）の2つです。

これら2つには、いくつもの共通点がありました。

図表5-3にまとめられたそれらの共通点について、説明します。

1. それぞれが高単価

自動車用のヘッドランプは、当時フィリップス出しが1灯（発光装置を含む）25 00円でした。自動車の場合、上向きランプを合わせると4灯使いですので、一車種に採用してもらうと1万円の売上げとなります。プロジェクター用ランプは1ユニットが2万5000円出しでした。当時は持ち運べるポータブル・プロジェクターの黎明期で、完成品は1台なんと100万円もしていた時代だったのです。

2. 売り先はメーカー

ヘッドランプの売り先は車メーカー（実際の窓口は、ヘッドランプの製造メーカーでしたが）ですし、プロジェクター・ランプはエプソンや日立などの大手エレクトロニクス・メーカーでした。

3. 売り先が少なく、限定できる

四輪車を製造する自動車メーカーは9社しかありませんでしたし、ポータブル・プロジェクターを発売していたエレクトロニクス・メーカーの数も同じようなものでした。これは、電球や家庭用の蛍光灯のように代理店や卸がいくらでもある、あるいは商業用施設に使う特殊電灯のように現場が無数にあり、ゼネコンなどの建設会社多数に納入していた状況と大きく異なっていました。

4．顕著な技術的競争優位

自動車用ヘッドランプは当時、第1世代といわれる「ハロゲン電球」でした。基本的に家庭用の電球の発光システムと同じ。私が供給しようとしていたのは、第2世代となる「放電灯型」といわれるものです。第1世代より、ヘッドランプの明るさを4割以上増やすことができました（ちなみに現在は第3世代の「LEDヘッドランプ」が出回り始めています）。

プロジェクター・ランプは、何といっても当社のものはユニット全体を小型化できました。フィリップスのこのランプが出回って、初めてプロジェクターは「部屋から部屋へ運べる」ポータブルの時代に突入したのです。

5．高い参入障壁

これは、当社にとってではなく、競合にとってのことです。後に、ウシオ電機やパナソニックが参入してくるのですが、本格供給に至るまでは、数年単位で時間がかかりました。というのは、ランプって〝窯業〟なんです。本格生産するとなると、それぞれ特定のガラスを溶かす高炉から設置しなければならない。すごい装置産業なので大変な設備投資の決断をしなければならないし、決断をした後でも商業生産にこぎ着けるまで通常3年はかかってしまう。その点、フィリップスはすでにヨーロッパで本格生産に入っており、有利でした。

6．エンド・マーケットの大きな可能性

私が就任した時、当社の新世代ヘッドランプを搭載してくれていた車種は日産自動車のセドリックだけでした。しかし、1つの車種にだけ採用してもらっても、1台当たり1万円の売上げが上がります。「日産がセドリックならトヨタはクラウンだろう。ホンダならインスパイアかな」と、取らぬ狸の皮算用は膨らみました。ポータブル・プロジェクターは、「絶対来る」と思いました。外資の社長として本社出張や世界会議をこなす中で、パソコンを直接プロジェクターにつなぎ、発表用スライドを映し出すなどのやり方が始まっていることを感知していました。それまでのOHPフィルムを映し出すやり方よりはるかにスマートだし、ファイルの書き換えなども容易でした。

◆シナリオは適宜修正できるように

戦略商品としては、実は他にもいくつか選出していました。その意味では「保険をかけて立ち上がった」ような成長戦略となりました。

でも、いつも言うのですが、

「有効な経営戦略は、走りながら考え膨らませていく創発戦略だ。最初に固定できるはずがないし、固定してしまったらシナリオを書き足したり、書き直したりができない」

ということなのです。

私たちが走らせた成長戦略は、やがて前述した2大重点戦略商品で大きく花が開きました。結果というか、果実はどうだったか。

私が着任した時は、当社のヘッドランプを搭載してくれていたのは日産自動車のセドリックだけでした。しかし、離任した3年半後には、日本で製造されるすべての四輪車（輸出分も含めて）の45％は当社製のヘッドランプに置き換わっていました。「山田後」数年間を経て、日本車のヘッドランプは完全に第2世代に置き換わってしまいました。ヘッドランプは「取りつけ部品」で、消費者には供給会社のブランドは見えません。文字通り、「見えない革命」が実現されたのです。

プロジェクター用のランプはどういうことになったか。ポータブル・プロジェクターを製造するメーカーさんの間で、奪い合いとなりました。何しろ、本格的な供給者としては、当社しかいない。当社の供給も限りがあります。

ところがこのユニットを手に入れることができれば、当時100万円もした、軽自動車並みの最終商品が確実に売れる。私はお客さんから「タマを回せ」の大攻勢を受けることになりました。そこで、フィリップス本社に働きかけて、欧米で販売していたフィリップスブランドのポータブル・プロジェクター向けのロットを回してもらったのです。

図表1-2（20ページ）でお見せしたフィリップスライティング社の売上げV字型回復の大きな部分が、商品構成的にはこの2つで達成されました。ここで私が選択したのは、いわゆる「選択と集中」戦略です。その典型的な発動といってもよいでしょう。

つまり、商品などが多数になってしまった状態のことを「戦線の拡大」といいます。持てる力量に合わないほど戦線を拡大してしまったのなら、それを縮めればよいということになります。

縮める時に、最大の戦闘効率を発揮できるような局所的なスポットに戦線を集約する。誰との戦闘か？　それはもちろん、地場における競合メーカーのことを想定して戦線の選択を企むことになります。

3 組織は戦略に従う

解決策2は組織のことです。組織については、「課題A：売上げの急落」の解決策として「営業部門の再構成」というカードを出しましたし、「課題C：組織の手直しが成されていない」でも掲げました。

営業部門の組織もいじらなければならないし、それは他の部署の組織編成とも連動している。リストラも含めて、結局全体的に再編成しなければならないということです。私は覚悟を決めました。

◆手で行うからこそ、じっくり理解できる「組織図ツリー」を作る

私がどのように組織を改革したかをお話しします。

まず、販管部門から手をつけることにしました。それは、前項でお話ししたように商品の戦線が広がってしまっていたのを「選択と集中」で2大戦略商品にフォーカスする。それには、

5-4 【戦略カード】解決策A－2

〈オモテ〉

( ) 目標　( ) 課題　選択マーク　○
(✓) 解決策　( ) 派生問題と対処　選択番号　A-2

営業組織を最適化するために、再構成する。

1．1つのことだけを1つの文章で。句点(。)で終わる。　2．多くのカードを出し、最有効を考える。　3．選んだカードは、裏に選択理由。

〈ウラ〉

選択理由：どうして重要なのか？　句点で終わる文章で。複数の文章可。

商品ラインの再構成を決め、それを実現できる営業の体制（組織）を作り直す。「組織は戦略に従う！」のだ。

戦略カードTM

その成長戦略に合うように（あるいは奉仕するように）販管部門の全体を再編すると効率が上がるはずだと考えたのです。

河北工場のほうは後回しとすることにしました。2大戦略商品はヨーロッパからの輸入品でした。河北工場は地理的に遠いし、強力な労働組合がありました。社長の身は1つです。私自身も「選択と集中」して、優先順位によって取り組まなければならないと強く思いました。

1996年9月2日に着任した時の、当社の販管部門の組織図をお見せします。

「組織」は、どこの会社に行っても新社長たる私の最大懸案事項だと84ページで述べました。私は着任するとすぐに、秘書の安部さんにお願いして社員全員の名刺を2枚ずつ集めてもらいました。2枚というのは、名刺の裏側の英語表記も利用するためです。

大きな模造紙を2枚買ってきてもらい、社長室に閉じ込もります。模造紙の1枚に、社員全員の名刺を貼り込んでいき、図表5-5のような組織図ツリーを作成していきます。

「会社の組織図などA4とかB3の紙に表示した、出来合いのものがあるだろう」

「もしないなら、社長がそんなことをやらずに秘書の人に作ってもらって、持って来させればいいじゃないか」

などと、言わないでください。

「戦略カード」を手書きで書いたように、組織図ツリーもこうやって、自分の手で作っていくのがいい。少し時間がかかるからこそ、じっくり理解することを助けます。名刺の肩書きによって社員の相関関係を確認しながら貼っていくのです。誰がいるか、社員同士がどんな「組み合わせ」になっているかわかってくるし、その組織での問題点も見えてきます。

フィリップスは外資で英語の肩書きもあるので、もう1枚の模造紙には皆の名刺を、裏側を出して（つまり英語版バージョンで）作成しました。英語バージョンで「GM」とついていたものは日本語のほうにも書き込んでみました。

◆組織図からあぶり出された問題点

さて、あなたがもし当社に新社長として赴任してきて、この組織図を目にしたら、あなたはこの組織図からどんな問題点を見い出すでしょうか。何しろ「組織が最重要戦略だ！」という人もいるくらいですから、ぜひそのような観点で図表5-5を眺めてみてください。

実際に現場を担当した私の眼には、次のような諸点が問題点として映りました。

1．ゼネラル・マネジャー（GM）過多。組織図で一番上に表示されているのはもちろん私です。外資における「社長」の呼び名は様々です。「CEO（最高経営責任者）」、「プレジデント」、「カントリー・マネジャー」、「リプレゼンタティブ・マネージング・ディレクター（代表取締役）」、そして何でもやらされ何にでも責任を持つので「ゼネラル・マネジャ

5-5　着任時組織図

フィリップスライティング社　本社部門
1996年9月　85名

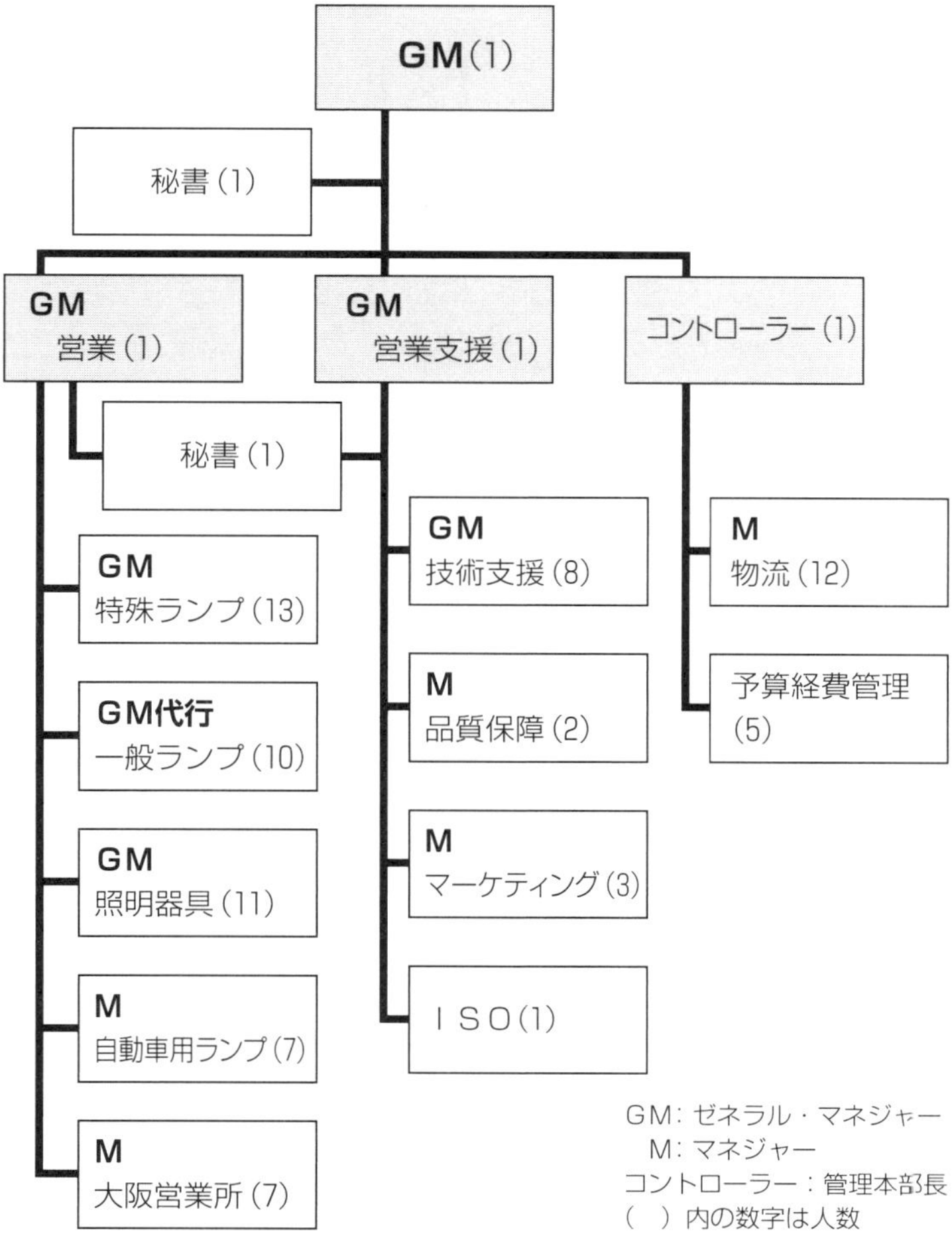

GM：ゼネラル・マネジャー
M：マネジャー
コントローラー：管理本部長
(　) 内の数字は人数

ー」。フィリップスでは、子会社の社長を最後の呼称で呼んでいました。

組織図に目を移してください。私（社長）以外に、営業担当のGM、営業支援担当のGM、そして彼ら2人の下にもそれぞれGMがいるという有様です。外資の取引先などを皆で訪ねて次々と英語の名刺を出すと、相手は一体誰が偉いのか迷うことは必定です。「これは是正しなければならない」と、思ったのも不思議ではないでしょう。

2．管理職過多。GMに限らず、管理職の割合が高い。近藤電気工業所を併合して、高年齢の社員が多数在籍していたのがその経緯とか。

3．営業部の中のチーム（課）編成が、立案し始めた「成長戦略」と整合性が取れていない。

4．間接部門過多。コントローラーを含めて、18名が在籍。直間比率でいう、間接部門比率が21％となっている。

5．秘書が2人。

6．営業部門と支援部門が並列する組織形態が選択されている。

4 経営基盤を強化する、あるべき組織の作り方

次に、1997年3月31日の組織図をお見せします（図表5-6）。私が着任して半年後に実現した新組織です。

1. GMはすっきり私1人になりました。

2. 関連して、管理職の階層を少なくして、これもすっきりさせました（ただし図表5-6からは読み取れません）。「KISS《キッス》の法則」というのをご存じですか。「Keep it Simple & Slim」の略で、「簡潔に単純に」という意味です。組織の中での管理職比率は13％くらいが適当とか限度とかいわれています。当社は、旧近藤電気工業所を併合した来歴から、明らかに管理職過多の、「頭でっかち」な組織形態になっていました。

3．秘書は1人となりました。安部愛麗《えり》さんがその職にとどまったのですが、その時私は安部さんに申し渡しました。

「私は秘書がいらないマネジャーです」

昔からタイプ打ちは、秘書の人たちも真っ青というくらい早かったし、お茶を淹れてもらうより、気分転換に席を立って自分でコーヒーを淹れる習慣でした。

安部さんの顔がその時少し青くなりました。

「だから、当社で他の仕事を探しましょう」

と言って、安部さんには秘書の立場のまま、実質的にはトレーニング・マネジャーとしての仕事をしてもらうことにしました。安部さんはこの分野で才能を発揮し、私が退職した後はやがて当社で人事部長に上り詰めることになります。

4．営業支援部隊をほぼ解散し、その役目の人たちを営業各課に配属しました。専属としたわけです。組織論の用語でいう「機能別組織」から「事業部型組織」への移行となりました。

5．営業のチーム（課）としては「プロジェクター用ランプ（UHPランプ）」を設置し、「自動車用ランプ」を強化し、2大戦略商品の拡販へ体制を整えました。「組織は戦略に従う」

5-6 改革後組織図

フィリップスライティング社　本社部門
1997年3月　61名

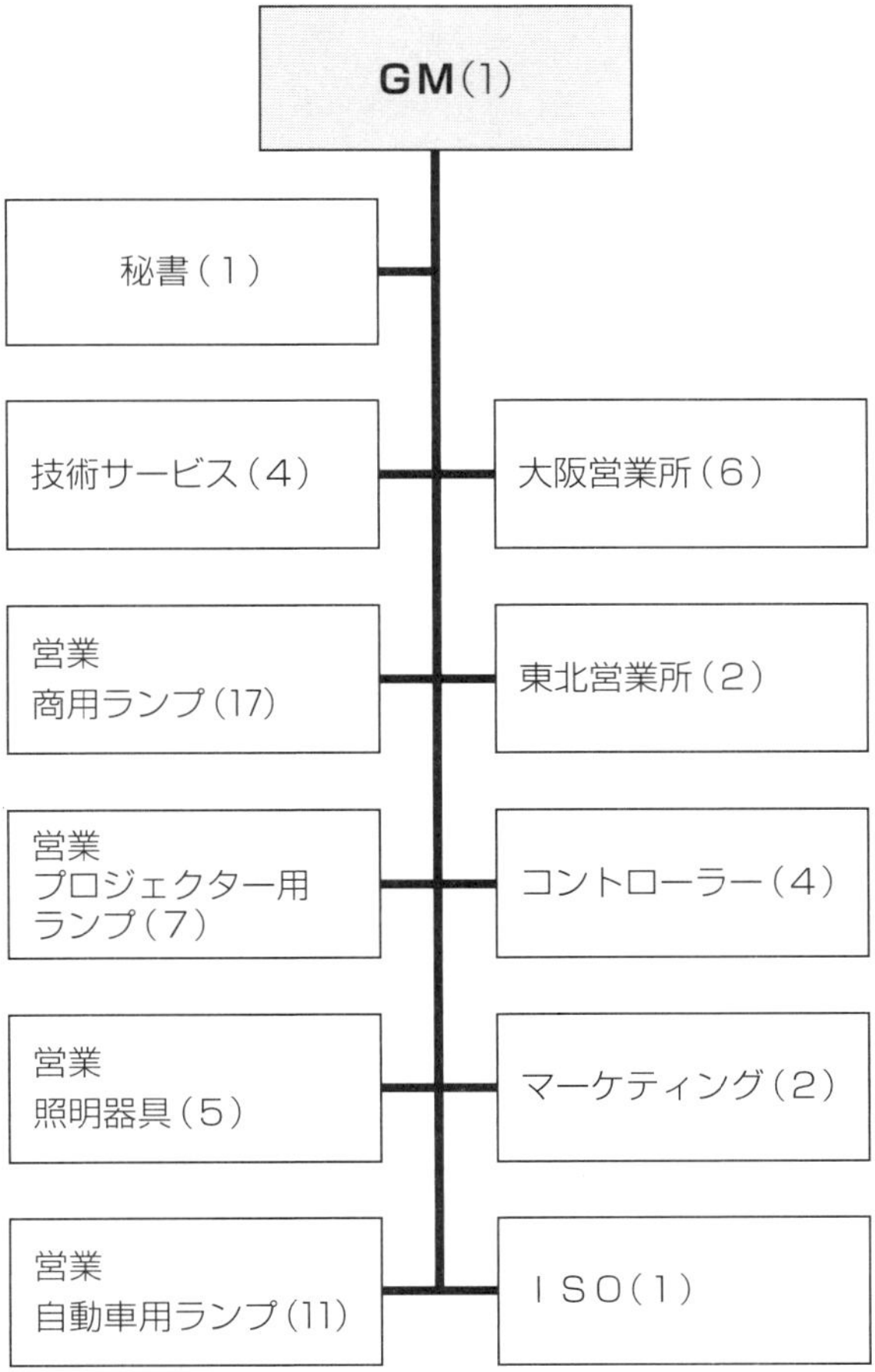

（　）内の数字は人数

と、A・チャンドラー（経営史学者）も言っていました。

6．コントローラー以下の間接部門を大幅にスリム化しました。物流部門は、外部の物流会社に外注することにし、当社の社員の何人かには引き取ってもらいました。

7．東北営業所を新設。これは河北工場の中に、工場が作っている特殊ハロゲンランプの国内営業担当者を置きました。

8．ヘッドカウント（外資で、社員数のことをこう呼びます）は85名から61名へと、約4分の3に減っています。

◆組織図はきれいでなくてよい

新組織図を見て、疑問を感じられる方もいました。

「営業の各課はいわばミニ事業部のように特定商品群を扱うということで完結している。そうすると大阪営業所の位置づけがすっきりしない。大阪営業所は西日本での窓口として、当社の商品すべてを扱うわけでしょう。このままでは東京本社の営業チーム体制と整合性がないのでは」

同様に、

「営業支援が一部残っていて、営業チームを単位とする〝ミニ事業部制〟が徹底されていない」という指摘もありました。

これについては、サンダーバードでの私の恩師、ポール・ジョンソン教授が授業で言っていたことを引きながらお答えしましょう。

「君たちMBAの学生は、組織をきれいに作ろうとしすぎる。実際には手持ちの人数や人材には限りがあることを理解し、それを最大活用することを考えるべきだ。時には守備範囲が重複せざるを得ないし、時にはドッティング・ライン（点線）でのつながり（レポート・ライン）を是認したりしなさい」

「ドッティング・ライン（点線）でのつながり」とは、「非公式な」とか「間接的な」つながりのことです。

ジョンソン教授は大手会社のCEO上がりでしたので、観念論だけの先生ではありませんでした。ですから大阪営業所の組織が本社とかっちり整合性がとれていなくても構わないのです。そして営業支援のセクションが一部残存したことも、その中にエクスパトレイト（駐在オランダ人）がいたので仕方がないことでした。

また、

「経営企画室がない」

という指摘をもらったこともありました。でもこの規模の会社ならいらないでしょうね。きっと社長さん自身がそれを兼ねて、自分で経営戦略など立てられるのではないでしょうか。

「時間の経過とともに戦略は動く。訂正されたり、精緻化されたり。『組織は戦略に従う』だから、戦略の変遷に応じて組織のほうも柔軟に変更していくべきだ」

と思います。

しかし、当社の場合、私の着任時に粗々《あらあら》で立てた戦略シナリオはその後、深化と精緻化してはいきましたが、最初に設定して動き出した方向性がよかったようです。

その結果、図表5-6の新組織はうまくできた改変だったということになりました。その後、私の離任時までこの新組織は大きな手直しはせず、ヘッドカウントも1人増やしたくらいで走り続けることができました。当社のV字型回復を担保、実現したのはまさにこの新組織でした。

4分の3に減った社員たちで、その後3倍になった売上げに対処できたのです。業務効率は400%に達したことになります。

◆あるべき組織の作り方

では、この新しい組織はどういう具合に作ったのか?

また、大きな模造紙を持ってきます。そして、戦略カードでは大きすぎるので、今度は名刺より少し小さい付箋を持ってきます。これに、鉛筆で「職名だけ」を書き込み、組織図の上のほうから貼っていきます。つまり、社長からです。

上のほうから、レイヤー（階層）ごとに貼っていきましょう。特定の部署だけ先に降りていってしまうと、そこだけ細かく書き進むことになり、バランスが崩れてしまいます。「大枠を決めて、それから細部をつめる」が全社的な組織の見直しでは有効なアプローチです。

フィリップスライティング社の販管部門は85名だったので、私はこのように自分で手を使ってやりました。規模的にいえば、数百名程度の組織もこの方法でできるでしょう。

というのは、この段階では社員の実名と合わせることがないからです。そして実名と合わせないでやるほうがよい。各ポストの機能の意味や重さだけで、組み合わせを決めていけるためです。

職名だけの組織図ツリーが完成したら、今度は社員たちの名刺を貼り込んでいきます。

この方法でやってみると、多くの場合、貼り込めない名刺が出てきます。手元に余ってしまうわけです。その人たちはつまり、不要なわけなんですね。純粋に組織効率的なことを考えて最善の「名前なし組織ツリー」を作ることは、どこの会社でも余剰人員が発生していること、そしてそれが誰なのか、明白に経営者に認識させる方法だと思います。

5 新しいMARCOM《マルコム》を走らせろ
——効果抜群の広告戦略

解決策3は、広告やプロモーションなどのマーケティング活動のことです。フィリップスでは、マーケティングのことを「外部に働きかける行為」であるとしてMARCOM《マルコム》（Marketing Communication）と呼んでいました。

◆広告より影響力がある「インフルエンサー」に着目

それまでは、家庭用の電球や蛍光灯も扱っていたのですが、私はそれらの商品の取り扱いを停止しました。

自動車用ヘッドランプとプロジェクター用ランプが2大戦略商品でしたが、その他にもいくつかの戦略商品を残しました。しかし、基本的にビジネスをB-to-B（対法人向け）にシフトしたので、広告なども業界紙や専門誌だけに絞り、技術者や照明設計家などの専門家を対象にした技術セミナーの開催などに力を入れました。

5-7 【戦略カード】解決策Ａ－３

〈オモテ〉

( ) 目標　( ) 課題　選択マーク ○

(✓) 解決策　( ) 派生問題と対処　選択番号 A-3

マーケティングやプロモーション

のやり方を最適化・一新する。

1．1つのことだけを1つの文章で。句点（。）で終わる。 2．多くのカードを出し、最有効を考える。 3．選んだカードは、裏に選択理由。

〈ウラ〉

選択理由：どうして重要なのか？　句点で終わる文章で。複数の文章可。

選び出す戦略商品を重点的にプッシュする方策を探る。広告だけではないはずだ。

戦略カードTM

前述したように、照明機器の分野ではフィリップスが世界最大のメーカーでした。照明機器の世界はいわゆるローテクなのですが、ローテクはローテクなりに技術革新がめざましい。フィリップスは、この分野で世界最大の品揃えだけではなく、数多くの先端技術も擁していたのです。照明を扱う業者や、建築設計家などの専門家はこのことを知っていました。彼らはフィリップスからの発信を待っていたのです。

私は着任した翌年から、「フィリップス・ライティング・フェア」という専門家向けの展示会を開催しました。そこでは商品の展示だけではなく、必ず斯界の著名専門家を招いて講演をしてもらったり、ヨーロッパで高名な照明デザイナーを呼んでパネル・ディスカッションをしてもらったりしました。

「インフリュエンサー」というマーケティング用語は、もしかしたら馴染みが薄いかもしれません。「インフリュエンス」は「影響する」という意味ですから、「インフリュエンサー」は「影響力のある人」を指します。

日本のみならず世界の照明機器業界で最大のインフリュエンサーは、我が国が誇る照明デザイナーの石井幹子《もとこ》さんです。国内はもちろん、世界で著名な照明デザイン（ライトアップ作品など）の、多くのものは石井さんが手がけたものです。

私は石井さんに「フィリップス・ライティング・フェア」で一度ならず講演をしてもらいました。大変な人気で、５００人以上もの聴衆で埋まったのを覚えています。そのほとんどが、専門家ばかりでした。

石井さんには私のほうからお願いして（つまりご招待して）ヨーロッパに渡ってもらい、業界としては世界的に有名なフィリップスの照明展示場をご案内しました。私は、石井さんのような抜群のインフリュエンサーの方に、フィリップスの照明のファンになってもらいたかったのです。

その照明展示場は、フィリップスの企業城下町ともいわれる、オランダのアイントホーヘン市にあります。Philips LAC《ラック》（Lighting Application Center）といって高校の体育館くらいは優にある広さです。

これは屋内向けの照明機器を展示してありますが、フィリップスでは他にもフランスのリヨン市郊外に、屋外で使う照明機器の展示場も有していました。両方とも一般向けに公開していないので、日本からは当社の紹介や帯同がなければ入れません。しかし以前合弁を結んでいた松下電工からの訪問者の口コミなどで日本の照明業界でも知られることになり、いわば伝説的な存在となっていました。

私はこれらの施設に石井幹子さんだけでなく、照明探偵団の主宰者として知られる面出《めんで》薫さんや、照明デザイナーとしてこちらも有名な近田玲子さんなど、照明界では錚々《そうそう》たるお歴々をご招待、ご案内するに至ります。

◆「ターゲット・オーディエンス」を狙い撃つ

いろいろなＭＡＲＣＯＭを展開したわけですが、一番直接的に効果があったのは、２大戦略商品のターゲットとなったメーカーの技術者たちを、ヨーロッパにあるフィリップスの工場や研究所に招待するキャンペーンでした。

当時、自動車のメーカーは国内に9社、ＰＣプロジェクターのメーカーも1桁しかなかった。だからこれらの招待キャンペーンを打つにも、相手が限定されているので当方の営業も機動的に動けたわけです。

１人の技術者をヨーロッパに1週間程度お招きすると、ビジネス・クラスの飛行機代やホテル代などで大体１００万円かかりました。１人で来ることはないので、２名分。そして当社からの営業アテンド。１社のメーカーを招待するとなると、１回当たり３００万円ほどの出費となりましたが、新聞や雑誌などに広告を打つことを考えれば別に高くはありません。自動車やヘッドランプの専業メーカーの技術者が、ヨーロッパで当社技術の先進性に感を深くして、次の車に搭載を決めてくれれば十分に元が取れるキャンペーンです。

フィリップスで私が実施したように、ＭＡＲＣＯＭを展開する時は、いつも「ターゲット・オーディエンスは誰だ」ということを意識してください。「オーディエンス」とは直訳すれば「聴衆」で、あなたのＭＡＲＣＯＭメッセージを受け取るべき「ターゲット」ということです。

6 解決策は「戦略のタネ」、現場とキャッチボールしながら膨らませろ

この本では「戦略カード」をツールとして、「課題解決型の戦略立案」の方法を展開しています。第4章では、事業部戦略を数名のグループで策定する技法を紹介しました。

それではそれ以外の場合は、経営戦略というものは1人で立てるものなのでしょうか。「戦略カードによる思索の言語化」という方法なので、それを推し進めていく主体が必要となります。つまり、普通は戦略立案者としての誰か個人が存在するわけです。全社戦略ならCEO社長、部門戦略なら部門長ということになるでしょう。経営企画室などを持っているような会社なら、そこに任せるのでしょうが、しかしそれでよいのでしょうか。

というのは、経営者にとって経営戦略を立てて実践させる以上に重要なことはないはずです。それを自分以外のスタッフに任せてよいものでしょうか。組織のトップ（責任者）が主体的にリードする以外には、有効な戦略のシナリオは書き出されません。

◆「解決策出し」では、優秀な部下を探して力を借りる

しかし、立案のプロセスの中で特に「解決策出し」のところだけは、

「経営戦略はみんなで立てるもの」

というのが私の体験からくる信念です。

「みんな」というのは、社員全員ではなく「特定の信頼できる部下」という限定があるのですが。少なくともある1人が独善的に解決策を考え出すよりは、複数の人間が関与すると、より実効力の高い戦略が成果物として出てくるのです。

意味を説明しましょう。

あなたがCEO社長だとして、戦略立案における「解決策出し」の効率的な手順（プロセス）を書き出すと次のようになります。

①　まず、問題意識と着眼点のよいマネジャーを探せ

②　そのマネジャーが担いできた〝タネ〟を検討して〝アタリ〟をつけろ

③　キャッチボールでシナリオを転がし、膨らませろ

私は、生涯で6つの事業会社（金融や投資系などではない、普通の会社という意味です）の

社長に就任しました。いつもスカウトされて就任したので、それぞれの会社はおろか、業界や業態についても事前知識はまったくといっていいほどありませんでした。

では、まったく事前知識のなかった私のような経営者が、着任早々「神のごとく」状況を快刀乱麻に分析し、「鬼のように」一気通貫する経営戦略を短期間に立案することが、はたしてできるでしょうか。

1回くらいなら、まぐれとか僥倖によってそんなことが起こるかもしれませんが、何社にもわたって繰り返せるはずはありません。

◆プレゼンを聞いてマネジャー（人）を選ぶ

右に掲げた3つのプロセスで説明します。

着任すると、まず経営幹部や部長クラスと面談をします。そしてただちに宿題を出して、

「次は、みなさんそれぞれの職掌範囲の中で、これから3年間でモノになりそうな、育ちそうなプロジェクトやそのタネについて報告してほしい」

と、伝えます。さらに、

「組織上での自分の分担分野から外れてもよい」

とも、「プロジェクト」とは商品でも、技術でもいい、ともしました。

そして2週間ほど時間をおいて、各自に報告させます。

重要なことは、これを会議形式で行わず、必ず自分と1対1の形式で報告・発表させることです。発表形式はプレゼンテーションでもよいし、資料だけの紙芝居型発表でも、口頭だけでの発表でも構いません。1人1人のマネジャーが信じるところを、やりやすい形で開陳させます。

それぞれのマネジャーは、特定のプロジェクトや商品を推奨するわけですが、もちろんその背景や理由を話してもらいます。それから、

「もしうまくいったとして、どのくらいの可能性があるのか」

という、成功した場合の見込みを話してもらいます。

「うまくいくとしたらどんな具合にうまくいくのだろう」

と、成功のプロセス・シナリオも話してもらいます。

幹部社員からの個別プレゼンテーションを受けて、私が選ぶのは実はプロジェクトそのものではありませんでした。

私はマネジャーを選別したのです。（①**まず、問題意識と着眼点のよいマネジャーを探せ**）

まず、これらの説明をスムースに展開できることが最低条件です。それぞれのマネジャーは実は、「戦略シナリオの骨」を展開したわけです。骨とはいえシナリオですから、スムースに成り行きが進行しなければ私を引きつけることはできません。

途中で私を置いてけぼりにしたり、きょとんとさせてしまうような発表は、シナリオの論理性に疑問があるからです。こちらはそのビジネスについて素人ですから、たどっていけるのはマネジャーが展開しているシナリオの「ロジック（論理）」だけです。その業界のプロなら業界の常識とか先入観などで巻き込まれるところですが、素人ほど怖いものはない。矛盾していたり飛躍していたら、すぐにわからなくなる。プレゼン型の発表でも、1対1で聞いていますので、途中でいくらでも質問できます。

筋の悪いマネジャーは、私からの意外な質問をうまく処理できません。困ったあげく、

「それは当社の伝統的なやりかたでして」

「この業界ではそうなんです」

などと、当方が納得できない答えで終わってしまう。

一方、筋のよいマネジャーは、途中で私にあまり質問をさせないで、いつのまにか結論に到達する。そして

「ふーん、そうなのかもしれないな」

という感想をこちらに残す。こういう報告ができるマネジャーは、まず経営戦略家として筋のよい人です。とりあえず話すことの中に、粗々《あらあら》だけど自然なシナリオが構築されている。

多くの経営幹部に初期の発表をさせましたが、次の段階では「筋のよいマネジャー」が担ぎ

出したプロジェクトに絞って検討してみます。**（②そのマネジャーが担いできた〝タネ〟を検討して〝アタリ〟をつけろ）**

この段階では、まだ詳細な戦略立案のステップには入らないで、「戦略のタネ」と呼ぶべき段階です。楠木建が「コンセプト」と呼んだ（『ストーリーとしての競争戦略』東洋経済新報社）概念とほぼ同じ考え方です。

◆「ああすればこうなる」を膨らませて「戦略シナリオ」を形成する

特定の「戦略のタネ」に魅力を感じたら（つまり可能性を感じたら）、それを担ぎ出した筋のよいマネジャーを呼び、今度は質疑型の面談でその詳細を話してもらいます。

「思索の言語化、表出化」ということを私の戦略立案では方法論として何度も強調しています。呼び出したマネジャーにしても、最初の発表の段階ではそれほど深い考えや展開の方法論にまでたどり着いているわけではありません。そんな彼・彼女の、まだ表出し切れていない思索を、気のきいた質問をしてあげることで引き出せるものなのです。**（③キャッチボールでシナリオを転がし、膨らませろ）**

「ふーん、それでそれはどうやるの？」

とか、

「そんなことをすると、客の反応はどうなるだろう」

「客がそう出たら、こちらは次はどうするの」

などのように、シナリオが進んでいくような質問を短く出し、マネジャーにシナリオを構成させていきます。「ああなれば、こうなる」を漫才のように2人で展開していくわけです。言葉のキャッチボールを続けていくと、「戦略のタネ」はだんだん膨らんでいき、関連するビジネス行動が（成功や実現のために）規定されていって、まとまった戦略シナリオとして形成されていくわけです。

従来の研究では、戦略を立案するのは「トップか従業員か」という二者択一的な認識があったかと思います。それが「意図的戦略」ならトップの仕事、「創発戦略」なら従業員というものです。後者の認識については、たとえば次のような要約があります。

従来の計画的な戦略の策定は（意図的戦略のことです：著者注）、トップや戦略計画要員といった非常に少数の人たちによって行われた。（略）（創発戦略では）同じことを末端の従業員が行わなければならないのである。

（馬場杉夫「戦略形成プロセスにおけるマネジメントの役割」『経営戦略論　経営学イノベーション2』十川廣國編著、中央経済社、2006年）

しかし、たとえば社員食堂で調理を担っている女性社員に経営者と同じ責務や能力を求めるのは無理があるというものです。同じ文脈で、研究者たちが「ミドル」の役割をどう考えているかについては、次のような記載があります。

創発戦略では、ミドルは、ビジョンをよく理解し、それを実現する戦略を自らが考案しなくてはならない。（略）創発プロセスにおいては、部下から数多く多種多様な提案がなされることを促し、それらを支援する役割を担う。

（同書）

ここでは「ミドル」は他の一般社員と同じ扱いとなっています。あるいはせいぜい「戦略立案支援者」として認識されています。

右記に見られるような、創発戦略の立案主体が文字どおり「すべての従業員である」というのは企業経営の実情にまったくそぐわないものです。それでは企業経営における重要な経営行動である、経営戦略の立案主体というものが組織全体に埋没してしまいます。一体誰が取りまとめるというのか、そもそも経営戦略を立案したり更新しようという特定の主体がなければ、戦略など形成されることがないのは明らかです。

これは、やはり経営者（責任者）の出番というか、それしかない。そして実際的な構築プロセスとしては、戦略立案責任者（経営者か部門責任者）が特定の信頼できる幹部と「アイデアのキャッチボール」をしながら戦略シナリオを膨らませていくというのが実態です。

この章で展開している「重要課題解決策のカード出し」は、このようにＣＥＯ社長と担当マネジャーの相互作用によって取り組んでいくと大変進めやすくなります。部門戦略の場合は、部門長とそれを補佐する副官たちの相互作用になります。第4章で述べたグループ・ワークも有効です。

経営戦略の立案はこのように「解決策出し」の段階では、上と下との相互作用によって「暗黙知」を「明示知」化していくナレッジ・マネジメントのプロセスをたどるほうが、アイデアがよりクリアに顕現されてよいものができていきます。

✧作業8　重要課題解決策カードに戦術カードを追加する

「重要課題解決策」として選び出したカードはいわば「大きな一手」です。「やることの宣言、あるいは見出し」のような性格です。この「重要課題解決策カード」に対して具体的に何をどうやるのかを書き出した、複数のサブ・カードを従えます。サブ・カードはですから「戦術」レベルの施策や計画となります。

「解決策サブ・カード」はこれまで説明してきたように、部下のマネジャーとキャッチボールをしながら膨らませて着想することをお勧めします。もちろん自分だけで思いつけるならそれでも構いません。

サブ・カードはこれも複数出てきます。しかし、これまでの過程でしてきた「カード出し」

のようにたくさんは出ないものです。

それは、「重要課題解決策カード」が先行して提出され、それを具体化・体現化すべき付随プログラムとして思いつくものだからです。発想がすでに方向づけられているし、実行できるプログラムも、会社が所有している経営資源から自ずと限られる。だからサブ・カード出しは相対的に容易に行えるものです。

それぞれの「重要課題解決策カード」に対して、サブ・カードは3枚程度出ればよいのではないでしょうか。


1つひとつのプログラムについては、このシナリオ・ライティングの段階では詳細なものを用意しようとしないでください。戦略策定で走らせるシナリオ・ライティングはあくまで全体の起承転結を見渡せる粗々のもので作成します。

プログラム（戦術）の細部の設計は、シナリオが全体として構成され、その経営戦略が承認された後にすることにします。

第 6 章

戦略を実行すると必ず起こる問題に、どう対処するか

〈課題解決型〉戦略を立案するための10の作業

STEP 1　目標設定

- 作業１ ▶「３年目標」のカード出し
- 作業２ ▶ 重要目標カードを選定し、理由を裏書き

STEP 2　目標合意

- 作業３ ▶ 目標合意（できれば）

STEP 3　課題の発見

- 作業４ ▶「課題の洗い出し」と重要課題の認識
- 作業５ ▶ ３つの重要課題カードを選定し、理由を裏書き

STEP 4　解決策の策定

- 作業６ ▶ 重要課題それぞれに解決策カード出し
- 作業７ ▶ ３つの重要課題解決策カードを選定し、理由を裏書き
- 作業８ ▶ 重要課題解決策カードに戦術カードを追加

STEP 5　派生問題と対処

- 作業９ ▶ 解決策それぞれに対して「派生問題カード」出し
- 作業10 ▶「最大障害カード」に対して対応策カードを選定

1 「新しいやり方」には必ず負の反応がある

池に石を投げ込むと、着水した水面に波紋が広がります。必ず広がります。

経営戦略の現場展開というのは、それと同じなんです。この本の初めに、

「経営戦略とは、新しいやり方のこと」

と、申し上げました。

新しいやり方を組織に導入すると、必ずリアクションがあります。それは当たり前です。何しろ今までやっていなかったことをやったり、今までやっていたことをやめたり、やり方を変えたりするからです。

そのリアクションは、実際には水面に投げた石というより、釣り餌を固めたミンチ団子を想定してもらったほうが近いと思います。ミンチ団子の場合は波紋に加えて、水に入ってから拡散して匂いが出たり色が出たりします。つまり、化学反応も起こすんです。

◆課題の解決策に対して起こる問題を出す

会社の組織というものは、組織力学と組織化学（風土）によって構成されています。何か新しい経営戦略が導入されると、ミンチ団子が投げ込まれた小池のように、力学的かつ化学的なリアクションが起こることは必然で、不可避なのです。

一定のリアクションが起こることが決まっているのなら、それを事前に想定しておきましょう。そうすれば対応策も考えておけます。シナリオ・ライティングの要諦の1つが、

「ああなれば、こうなる」

と話を進めていく力、つまり「想像力」と「展開力」であると前にお話ししました。

ここまで「課題」を考え、「解決策」を選定してきましたが、この「解決策」を実行するとなると、必ず何かが起こります。

この時、実はよい反応のほうも想定しておいたほうがよい。というのは、よいシナリオ展開を話すことができれば、全体の戦略パッケージに対して夢が広がり、ステーク・ホルダーからの支持が高くなるからです。

しかし、カード出しで進んでいくステップとしては、「解決策」に対して起こり得る悪いほうの反応を想定します。

作業7では「重要課題解決策」を選定しました。重要課題A、B、Cに対してそれぞれ解決策のカードを3枚選出したとすると、重要課題解決策カードは計9枚出ることになります。

✧作業9　解決策それぞれに対して「派生問題カード」を出す

この9枚の解決策カード1つひとつに対して「派生問題」のカード出しを行います。「派生問題」のカード出しは、「解決策」のカード出しに比べると、容易な作業です。というのは、特定の「解決策カード」に対しての反応を想定するという具合に、条件が限定されるからです。自社や自部門の様子はよくわかっているはずなので、「こんな解決策を導入実施すれば、どんなことが起こるか」ということは想像がつきやすい。

いくつかカードを出したら、この作業では1つだけを選びます。そのカードのことを「最大障害」と呼びます。「最大障害」の定義は、「それが排除されたら、その解決策の実現に一番寄与するもの」ということです。

選んだカードの左上の「派生問題と対処」欄にチェックを入れ、「選択」にもマークします。

例によって、裏側には選択理由を書いておきます。

◆問題への対処法をさがす

✧作業10　「最大障害カード」に対して対応策カードを選定する

「最大障害」が想定できたら、当然その障害への対応策も考えられるはずです。この対応策についてもアイデアのカード出しをしてから、その中で一番効果がありそうな対応策のカードを選び出します。

選んだカードの左上の「派生問題と対処」欄にチェックを入れ、「選択」にもマークします。もちろん、裏側には選択理由を書いておきます。

これら2つの作業は、この本での戦略立案の際のステップ5、「派生問題と対処」に該当します。

「派生問題と対処」のステップは、戦略立案全体の中では「リスク・マネジメント」となるステップです。これをしっかり構成しておくと、その経営戦略は失敗の確率が少なくなります。また、「ああなれば、こうなる」の叙述展開が豊富となり、ステーク・ホルダーからの信頼が増すことになるのです。

2 社員の4分の1に解雇を言い渡した

フィリップスライティング社の例に戻って、作業9と作業10の進行を説明します。しかしその前に、課題Aのシナリオの流れをもう一度振り返ることにします。

課題A：売上げが急落してしまっているので、何とかしなければならない。

これに対して私は3つの解決策カードを掲げました。

- **解決策A―1…重点的な戦略商品を選び出して、特化集中する（2大戦略商品）。**
- **解決策A―2…営業組織を最適化するために、再構成する。**
- **解決策A―3…マーケティングやプロモーションのやり方を最適化・一新する。**

3つの「解決策」に対してそれぞれ「派生問題（最大障害）」と「対応策」の組み合わせのカードを出します。

◆最大障害を取り除く

まず、

● **解決策A——1…重点的な戦略商品を選び出して、特化集中する（2大戦略商品）。**

に対して考えられるいくつかの「派生問題」の中で、一番重要なものにはどんなものがあり得るか考えたわけです。

すると、

「それは本社だ」

と思い至りました。照明機器業界で世界最大のメーカーだったフィリップス。その日本法人は世界最大の品揃えの拡販を押しつけられていました。これには、私たちの動きを強制していた「仕組み」があったのです。

つまり、本社には商品ラインごとにプロダクト・マネジャーなる職制が割り当てられており、彼らがそれぞれ担当している商品の世界販売について責任を負わされていた。だからどこの国の子会社であれ、「やれ売れ、かれ売れ」とうるさくせっついていたのです。

ですから、「解決策A—1」に対する「派生問題カード」は次のようになりました。

● **本社のプロダクト・マネジャーが許可しないだろう。**

このカードが「最大障害」だとしたら、それに対する「対応策」はどうしたらよいか。私が切ったカードはこうなりました。

● **デビット・ハミルを動かす。**

私の上司であり、照明機器ビジネスにおけるアジア・パシフィック地域の総責任者だったハミルは香港にいました。

オランダ本社ではプロダクト・マネジャーたちが商品ごとの世界売上げについて責任を持っていたのですが、ハミルはアジア全体での売上げについて責任を持っている。このように、商品と地域別に責任者を置いてバランスさせようというのはマトリックス（格子型）・マネジメントというのですが、それはさておき、ハミルを頼ろうと思いました。

9月に着任した私は、11月末に香港を訪れ、私の戦略案の全容をハミルにプレゼンしました。日本市場に対するハミルの危機感は非常に高く、前述したように、私が提示した意欲的な戦略パッケージを大歓迎してくれました。幸いなことに、ハミルはフィリップスのオランダ本社

でも非常に影響力のあるエグゼクティブで、後に本社で照明機器事業全体の取締役に就任したほどの男です。彼が、

「I understand, Yamada-san. Please leave it to me.」（わかった、俺に任せろ）

と、言ってくれました。彼の威光の前に本社のプロダクト・マネジャーたちは沈黙したのです。

◆社長自らがやり切るしかない

「解決策A―2」は次のカードでした。

- **解決策A―2…営業組織を最適化するために、再構成する。**

これに対する私の「派生問題（最大障害）」カードはこうでした。

- **リストラは避けられないが、それを誰が貫徹するのか。**

フィリップスライティング社で上級管理職の面々を思い浮かべました。

「営業担当ゼネラル・マネジャー？」

彼は何とリストラ対象者でした。

「営業支援担当ゼネラル・マネジャー?」

その人は、私が就任した9月より少し前、7月から病気になり入院していました。実はまだ会ったことがありませんでした。

「コントローラー（管理本部長）?」

実は彼も……。

結局、私がここで切った「対応策」カードはこうなりました。

●全部社長がやり切るしかない。

11月末に香港に飛び、ハミルの全面的な支援を得た私は、12月に入りリストラの実施を開始しました。まず、労務専門の弁護士を紹介してもらい、詳細に打ち合わせて、法的紛争の可能性を最小限にとどめるための助言を得ておきました。

いよいよ通告となりました。対象社員を応接室に1人1人呼び出し、退職勧奨します。相手は1人ですが、こちらはいつも秘書の安部さんが記録役として陪席します。このような面談では会社側が複数で出席するのが鉄則です。

後で「言った、言わない」などという事態になることを避けるためでもありますが、実は殴られないためでもあります。何せトピックが深刻なことですので、社員が感情的になることは避けられない。1対1だと思わず……なんてことも世の中には実際にあるのです。その時、当方が複数で、まして女性が入っているという状況では誰も自制が効いてくる、というわけです。

ある程度の積み増し金が示されても、退職勧奨を受けたその場で、

「はい、わかりました」

などと言う人は1人もいません。反発したり、怒り出したり、愁訴したり、「弁護士や社外組合に相談する」「家族に相談する」などという場合もあります。

指名解雇などできない状況ですので、会社側としてはひたすら説得するしかない。こちらとして強制できるのは、

「では次の面談は来週のいついつに」

と指定することだけです。これは就業時間内なら強制できます。

何回か面談を繰り返していくと、ようやく諦めて説得に応じてくれる人が出てきます。

退職勧奨する時に決して言ってはいけないのは、「あなたは能力が足りないので」とか「近頃の業績があなたは上がらなかったので」などと、社員のほうに責めを持っていく言葉です。これでは、相手も感情的になる。私の場合はひたすら謝り、お願いし続けます。

「会社が再出発するための新しい組織を組みます。とても申しわけないが、あなたのポジションが確保できません。ついては些少なのだけど、これだけ退職金を上積みするのでどうか……」などです。

179ページの図表5-5に私の就任時の組織図を、183ページの図表5-6に着任6か月後の組織図を掲げました。販管部門に当初85名いたヘッドカウントが61名になったので、24人の人に退職してもらいました。28%に当たる人数です。これだけの人たちが誰も訴訟などを起こすことなく、退職勧奨を受け入れてくれました。

リストラというのは、経営者にとって一番イヤな経営行為であることは確かです。経営行為というのは、当たり前ですが、すべて楽しかったり輝かしく高揚するようなことばかりではありません。むしろ大変なことのほうが多いことは、読者の皆さんもよくご存じでしょう。でもこのようなイヤな行為にどう正対し遂行するか。責任と覚悟が問われる場面ですね。

「解決策A―3」は次のカードでした。

- **解決策A―3…マーケティングやプロモーションのやり方を最適化・一新する。**

これに対する「派生問題」は人的資源のことでした。

● マーケティングの責任者がいない。

「強力な」と書き足すべきかもしれません。一応、担当課長がいました。頭はすごくよかった。しかし、前章の「新しいMARCOMを走らせろ」で披露したような、大胆な方針転換や一連のイベントをどんどん繰り出し、実施するような経験にはまだほど遠かった。それで私が切った「対応策」カードは、

● 社長が実質的にマーケティング責任者となる。

ということになりました。

「これもお前か?」

と言われそうですが、私の出自はマーケティングだったのです。販売戦略の推進に直接関与影響してくるのがマーケティングなわけで、それがこの戦略分野で最重要ということです。その時、社長がその分野を一番得意としていたら、それに直接関与して何も悪いことはありません。ということで、ここは私のほぼ直轄事項として進めることにしました。

3 「青い鳥幻想」をまき散らしたのが「ブルー・オーシャン戦略」

シナリオ・ライティングの技法で経営戦略を立てるために、いくつかのステップや作業をこなしてきてもらいました。これらの手順を踏めば、確実にあなた自身の経営戦略にたどりつけると思います。でも皆さんの中には、

「こんなにみっちり緻密に展開しなくても、たどりつける最強の経営戦略はないのか」

とか、

「一度立ててしまえば、当分打ち破られないような強固な経営戦略が実現できないだろうか」

あるいは、

「人員整理なんて荒事はなしで、勝ち続けられる競争戦略を策定したい！」

と思われる方もいらっしゃるのではないでしょうか。

何と、それがあるんです。

「ブルー・オーシャン戦略」という名前を聞かれたことがあるのではないでしょうか。

◆ブルー・オーシャンは存在し得るのか

ブルー・オーシャン戦略とは、

血みどろの戦いが繰り広げられる既存の市場を抜け出し、競争自体を無意味なものにする未開拓の市場を生み出す戦略のこと。

（W．チャン・キム、レネ・モボルニュ『ブルー・オーシャン戦略』の帯から、ランダムハウス講談社、２００５年）

というものです。

ブルー・オーシャン戦略を提唱したキムたちは、その特徴として次のようなものを掲げました。

・競争のない市場空間を切り開く
・競争を無意味なものにする
・新しい需要を掘り起こす
・価値を高めながらコストを押し下げる
・差別化と低コストをともに追求し、その目的のためにすべての企業活動を推進する

（同書）

従来型の競争が激しい市場領域のことを、キムたちは「レッド・オーシャン（血まみれの海）」と呼びました。

日本では翻訳書が2005年に発刊され、ずいぶん話題になりました。新しい経営戦略として信奉する向きも少なくなかったように記憶しています。確かに提唱されたような状況を実現できれば、経営者にとって夢のような話です。

ですから、これは「夢のような話」なのです。

単純に考えてみれば同じ業界には必ず競合がいるわけで、その競合がこの同じ戦略をとったらどういうことになるのか。自社とその競合が両方ともブルー・オーシャン戦略を活用してめでたく新しい海面に出てみると、「またお会いしましたね、お宅もですか」ということになり、新しいステージでの競争が再開されるだけとなります。

つまり、この時点でもう論理的に破綻している。1人だけの成功や抜け駆けなど、滅多にあり得ないのが現実の厳しいビジネス社会なのです。

また、引用した特徴からブルー・オーシャン戦略が目指すものが、「業界で飛び抜けてとんでもない存在である1番」なのは明らかです。そしてひとたびそれが実現すると、

> 多くの場合、一〇年から一五年ものあいだ大きな挑戦を受けずに持ちこたえる。
>
> （同書）

とも予測しています。本当でしょうか？

◆本当のブルーオーシャンはどこにもない

『ブルー・オーシャン戦略』の原著はこれも2005年に出ています。そこにはいくつも「ブルー・オーシャン戦略の成功企業」が引用されているのですが、私に土地勘があるいくつかの例について検証してみましょう。

まずは、シルク・ド・ソレイユについて。

「ブルー・オーシャン戦略」成功例として筆頭に紹介されています。確かにとても成功していますが、これはブルー・オーシャンではなく、レッド・オーシャンでの勝ち組。サーカスの技量を最大限上げることにより差別化しており、ビジネス・モデル的に新しいものではありません。また、2008年に10年契約で始まった東京ディズニーリゾートでの公演はずっと赤字が続き、2011年中の打ち切りが決定しました。大きな公演の挫折で、「10年以上業界でダントツの1位」という「ブルー・オーシャンの勝ち組」とはいえなくなっていると思います。

そして、イエローテイル。オーストラリア・ワインで2001年にアメリカで発売開始。ユニークな味と印象深いワラビー（動物）の後ろ姿のラベル、そして何より8ドル前後という廉価でたちまち人気商品となったワインです。成功例として最も筆が割かれている事例の1つでもあります。

◆夢よりも「身の丈にあった目標」を追うべき

近年のイエローテイルの業況について、アメリカのワイン専門家であるマイク・スタインバーガーたちは次のように指摘しています。

①イエローテイルは一連の模倣ブランドを生み出し、店頭はペンギン、ワニその他の（オーストラリア特有な）動物類のラベルのワインで埋め尽くされた。（略）廉価ワイン分野でのオーストラリアの優位性は現在、他の低コストの国々に脅かされている。（略）業界関係者の一致した見方では、廉価ワインの分野におけるオーストラリアの優位はもうない。

(Mike Steinberger, Not Such a G'Day, Slate, 2009年4月8日 http://www.slate.com/id/2215153/)

②（イエローテイルの製造元、カセラ・ワインズの）2008年の利益は対前年比50%減り、2009年はさらに70%減った。

(Eli Greenblat, $A strength waters down Casella returns, Business Section, The Age, 2011年1月25日、Page 22)

③2010年のアメリカでの売上げは800万ケース（同右資料）で、同年のアメリカ合衆国のワインの総売上は2億7600万ケース（Beverage Information Group）。アメリカ市場における数量ベースでのシェアは2・9%に過ぎない。

④このワインは既存マーケットの下を行く安値でマーケット・エントリーしたので、その価格をマーケット全体の平均価格の半分と仮定すると、2010年における金額ベースでのマーケットシェアは1・5％未満と推定される（著者推定）。

アメリカ市場における当初の快進撃は、一般的なマーケティング的成功に過ぎなかったわけです。そのピークが2004年で、著者たちが『ブルー・オーシャン戦略』に引用した2005年にはすでに模倣商品に苦しみ、2008年から2009年の2年間で利益の85％を減じています。

そもそもマーケット・シェア1％台の商品が、どうして「飛び抜けて一番」で「その地位を10年以上持続できる」などと考えられたのでしょうか。アメリカでは常時2000種類以上のワインが販売され（前掲③資料）、消費者の嗜好の移り変わり（ブランド・スイッチ）の激しい市場です。

さらに、石灰質を沈着させない英国の電気ヤカン（フィリップス）。

私はフィリップスの子会社の社長だったので、当然この例に目が行きました。

フィリップスはヨーロッパ屈指の数兆円企業です。イギリスでフィリップスが電気ヤカンでいくら売上げたか、著者たちは示していません。それがいくらであろうと、フィリップス全体の業績にみじんも影響を与えなかったことは明白だし、何よりも近年フィリップスは家電事業全体を売却してしまいました。実用新案程度の改良だったと思われるイギリスの電気ヤカンは、巨大企業フィリップスを救いはしなかったのです。

もうおわかりでしょう。他社をはるかに引き離し、1人悠々と航行できるようなブルー・オーシャンなどは幻想としかいいようがないのです。トヨタのレクサスのような素晴らしい車を開発するには、ものすごいコストと経営資源の集積が必要です。そんなことができる会社が、他の産業でもどれだけあるというのでしょう。

◆厳しいビジネス社会では非現実的

さらに、たとえユニークで秀抜な商品やサービスの開発に成功しても、すぐに模倣されてしまうリスクがあり、厳しいビジネス社会ではそれが現実でもあります。

IBMはたいていの場合、他企業が新技術を開発するのを待ってからそれを迅速に複製する2番手であると理解されている。（略）P&Gでさえ、その業界では非常に優れた2番手として認知されている。

（ジェイ・B・バーニー『企業戦略論』上巻、ダイヤモンド社、2003年）

この点においてはパナソニックも長らく有名でした。これらの成功している大企業はブルー・オーシャン戦略的なアプローチなど夢想だにしていないわけです。

そもそもブルー・オーシャン戦略では「競合をはるかに引き離す」水平線を目指すので、それぞれの業界で卓越した1位になれと示唆している戦略でもあります。

考えてみていただきたいのですが、日本には業界自体が何百あるでしょうか（総務省統計局の「日本標準産業分類」２００７年では、大分類で20業種、細分類で約１４５５業種をリストしています）。

ＮＯ．１はそれらの業界の数しか出現しません。一方、我が国には４２１万もの企業が存在します（総務省「事業所・企業統計調査」２００６年）。４２１万対１４５５の椅子取りゲームを狙った経営戦略など現実的で有効なものとはいえないでしょう。さらに指摘すれば、４２1万社の中の99・7％が中小企業です。経営資源に恵まれているとは思えない多くの会社がブルー・オーシャン戦略を目指すとしたら……。私はぞっとしてしまいます。

企業は、ブルー・オーシャン戦略が煽ったような「青い鳥探し」を志向するものではありません。身の丈（自社の経営資源）にあった目標を設定し、実戦可能な経営戦略を立てる、それが重要なのです。

4 ユニクロは新しいビジネス・モデル

ブルー・オーシャン戦略の位置づけ（ポジショニング）を、第4章で引用した河合忠彦のグラフに書き込んで理解を深めておきます。次ページ図表6-1内の「ブルー・オーシャン」に関する書き加えは私によるものです。

グラフの中央にある「有効市場域」は、「河合の四角」と名づけました。これが従来型の市場ですから、そのまま「レッド・オーシャン戦略域」となります。

ブルー・オーシャン戦略域は図で「河合の四角」の外側右下にスポットとして示すことができます。機能的には従来商品を凌駕しているので、高価格を享受できます。もっともイエローテイル・ワインのように低価格で新市場域を形成する場合には「河合の四角」の左上外にポジショニングされます。つまり、ブルー・オーシャン戦略は既存市場である「河合の四角」の外ならどこにでも設定できます。

6-1　ブルー・オーシャン戦略とビジネス・モデル

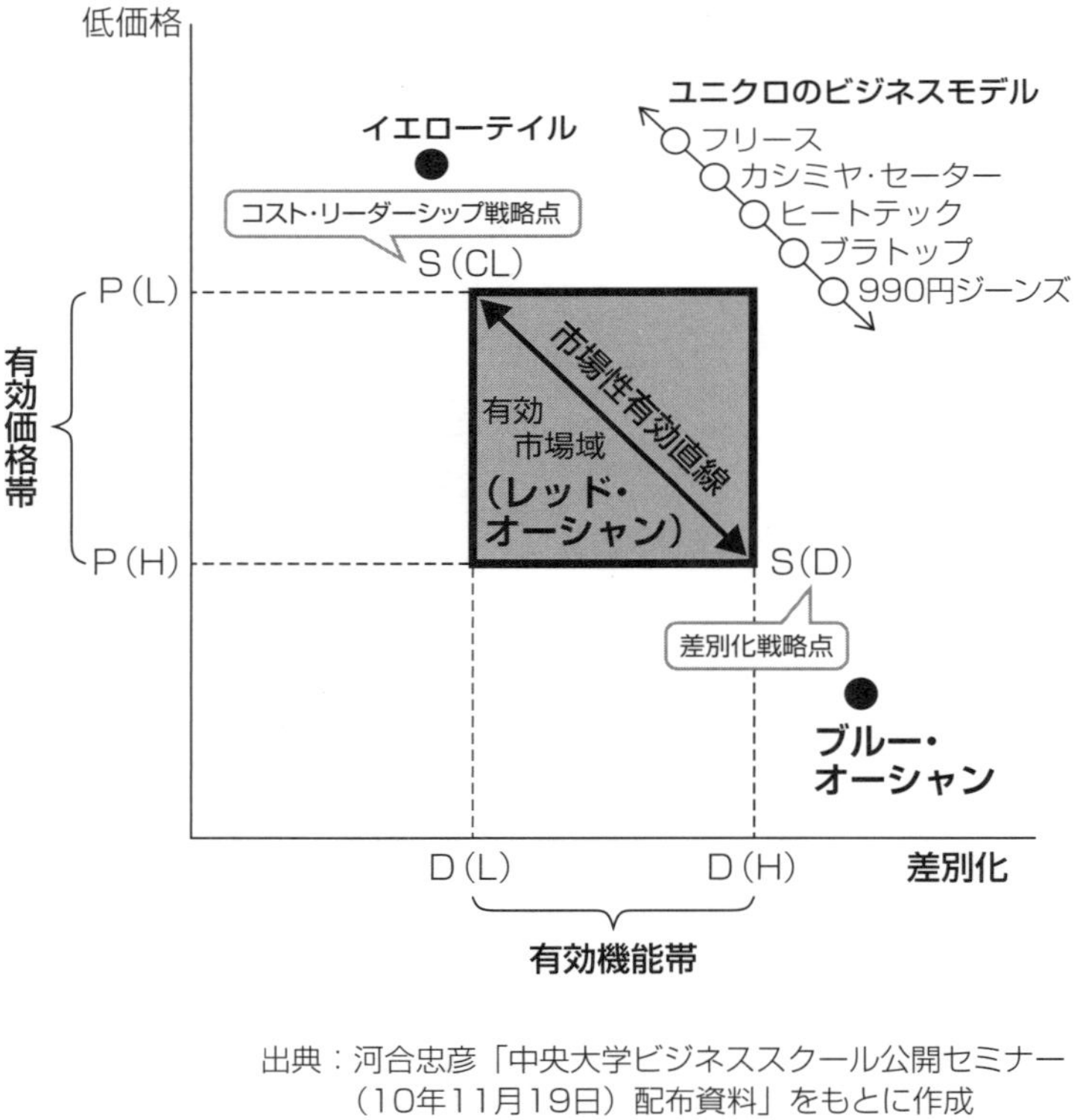

出典：河合忠彦「中央大学ビジネススクール公開セミナー
（10年11月19日）配布資料」をもとに作成

「河合の四角」と関連して「ビジネス・モデル」の構造を理解できる、と河合は説明しました。株式会社ファーストリテイリング（以下、「ユニクロ」と表します）の事業展開を観察すると、「安売り」と「高機能」の両方を実現した商品群があります。これら2つの機能を同時に満たすような商品の存在は、マイケル・ポーターの競争戦略セオリーでは説明できないことになります。ユニクロでは、数々のメガ・ヒット商品が連発されてきました。

これらの商品は右図6-1では、右上側に斜めの直線上として配列できると、河合は説明しました。ユニクロはこの直線上にポジショニングできるような有力商品を、連続して提出できる能力を獲得したというわけです。河合はそれを「新しいビジネス・モデル」として解説しました。

河合のグラフで直線を構成するまでの、グループとしての新商品・新技術があれば、新しいビジネス・モデルを構築できたといえる。そうなると陳腐化や競合からの挑戦に対して、ある程度の耐性があり持続的な優位性の維持が期待できます。

しかしながらブルー・オーシャン戦略であるイエローテイルの場合はまず、右図のようにスポットでしかありません。単体事業なのでビジネス・モデルとしての構造的な強みは構築されていないのです。また、競合に模倣される可能性も大きく、そうなった場合、他の代替商品を開発できるような経営資源が整備されていません。ビジネス・モデルを打ち立てるまでの構造性や模倣困難性がないので、競合にとっての後期参入障壁は低いと考えられるのです。

5 顧客を選んで一点突破「破壊的技術」

河合のグラフを再掲したついでにもう1つ、近年で著名な戦略モデルであるクレイトン・クリステンセンの「破壊的技術」のポジショニングを図表6-2に書き込んでみます。

◆時間がたつにつれ、進化する

図表6-2で「破壊的技術」の直線は、他に示されてきた戦略セオリーと異なる点があるので、注意してください。それは、「時間の進行」という要素です。

クリステンセンの分析が示したところは、

（優良経営企業は）顧客の意見に耳を傾け、顧客が求める製品を増産し、改良するために新技術に積極的に投資したからこそ、市場の動向を注意深く調査し、システマティックに最も収益率の高そうなイノベーションに投資配分したからこそ、リーダーの地位を失ったのだ。

6-2　破壊的技術の位置づけ

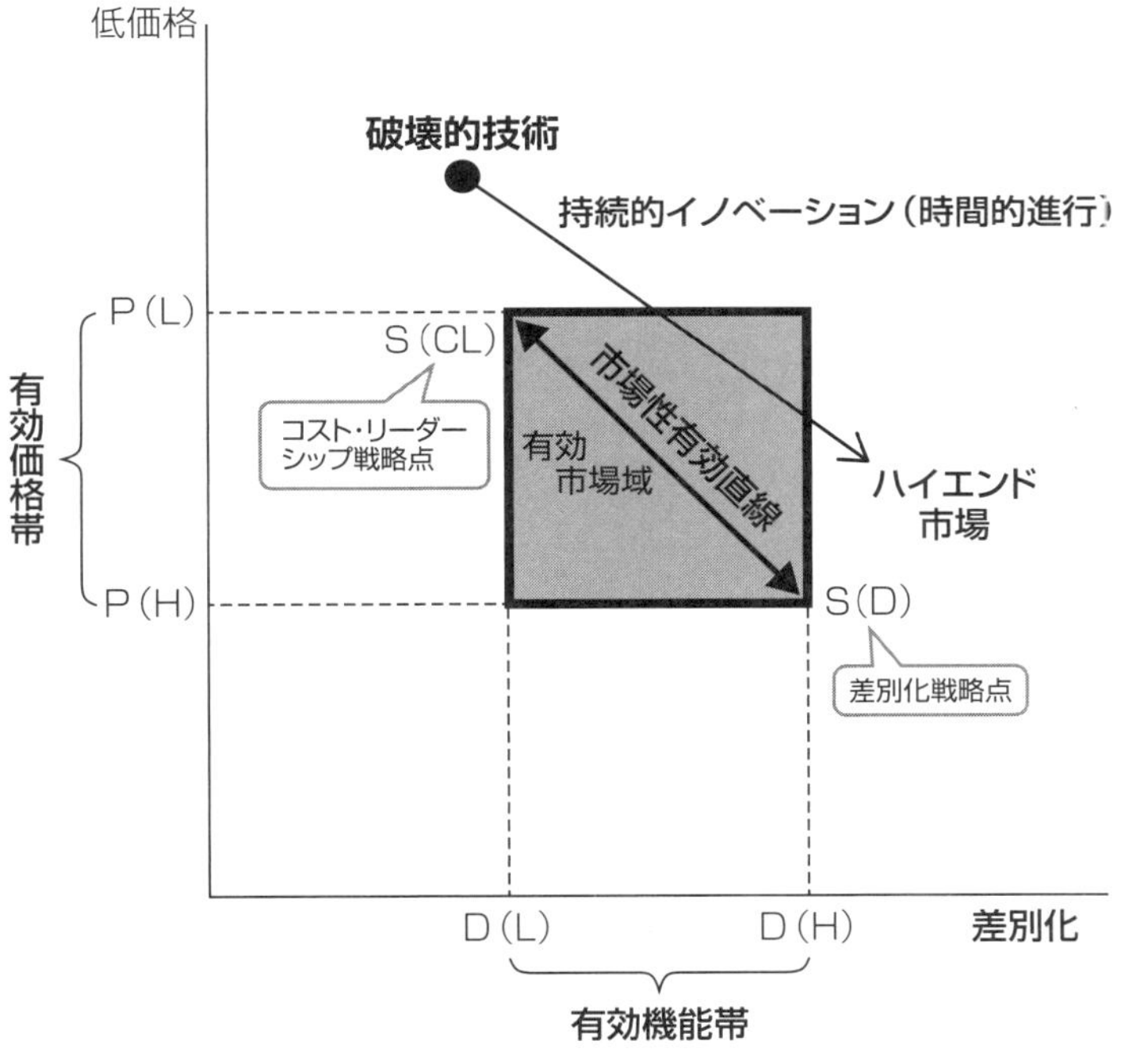

出典：河合忠彦「中央大学ビジネススクール公開セミナー（10年11月19日）配布資料」をもとに作成

的でした。

（クレイトン・クリステンセン『イノベーションのジレンマ』、翔泳社、２０００年）

というもので、いわば企業の改善努力に水をさすような事態の存在を明らかにした点で衝撃的でした。

技術的に競争劣位にある企業が、限定された顧客向けの便宜提供機能に集中し（それしか当初はできない）、初めは一部の顧客層にだけ受け入れられる。そのような市場カテゴリーには、上位企業は見向きもしない。

しかし、時間の進行とともに、競争劣位企業のその技術は改善されたり付加的な技術要素が加わったりして、特定の市場カテゴリー以外の一般マーケットにも進出してくる。そうなってくると、従来技術ではもう対抗できないような価格と便益の組み合わせを兼ね備えるようになってきていて、やがて市場全体を席巻する、というものです。

デジタル・カメラを例にとると、当初の状態は、銀塩フィルムの既存カメラよりはるかに性能が劣り、プロのカメラマンを満足させられるものではとてもありませんでした。

しかし、既存カメラに比べれば格安で、デジタル記憶なのでパソコンなどとの連動性があり、一定の需要があったのです。ところが時間の進行とともに、解像度などの性能が改善され、銀塩フィルムは買わずに済む、いらない画像は自由に消去できる、パソコンに取り込めるなどの利便性が増してきて、ついに「河合の四角」の中に食い込んできました。

そうしてやがて、従来の「市場性有効直線」で表される従来型カメラを価格でも性能でも凌駕して、従来型カメラに代わる地位を占めるに至っています。今度は「河合の四角」を突き抜けたのです。

銀塩フィルム使用のカメラ・メーカーのコダック社は、その分野では飛び抜けて競争優位企業であったために、デジタル・カメラの分野では決定的に出遅れてしまったと見ることができます。

クリステンセン自身は『イノベーションのジレンマ』（翔泳社）で、ハードディスク業界の事例を特に詳細に検証して前述のセオリーを示しました。クリステンセンの分析は、新しい発見のような知見を経営戦略論にもたらしたと思います。

◆破壊的技術は、経営戦略に使えるか

それでは「破壊的技術」のセオリーが、経営戦略の立案にどう寄与できるのか考えてみましょう。

私は、「プレイヤーズ・セオリー」というものを教えているのですが、これは「登場人物を設定して考える」という方法です。

とある「破壊的技術Ａ」を想定すると、顧客以外で登場するプレイヤーは３人です。

Ａ・競争劣位で、破壊的技術Ａを持つに至っている

B・競争優位の上位企業で、従来型の技術を保持して磨きをかけている

C・当該技術には関係のない立場の供給者

このようなプレイヤー設定ですと、Cの立場は考慮する必要はありません。まずは関係がないし、事態が変わってその立場がAかBに変換したら、AかBのプレイヤーとして扱えばよい。

AとBのプレイヤーを考えると思い出すのが、私がキッチンハウス社で社長をしていた時のことです（フィリップスライティング社の次はミード社で、ミード社の後で着任したのが国内メーカーであるキッチンハウス社でした）。

当時中堅だったシステムキッチン・メーカーN社が工場を手放すことになり、当社に製造委託を出す交渉に来ました。キッチンハウスではN社からサンプルを預かり、自社工場で分解して解析しました。委託製造を受けた場合の製造費を見積もるためです。

ところが、その解析に当たった工場長以下、当社の技術陣が皆、声をそろえて言うのです。

「社長、N社のキッチンなど箸にも棒にもかかりません。あんなものを製造すると、当社のキッチンの品質や製造工程までレベルが下がってしまいます」

キッチンハウス社は我が国でのシステムキッチン製造の草分けであり、最もハイエンドな製品をオーダー製造していました。1000万円以上するキッチンを、月に1本は富豪の邸宅に納品するというようなメーカーでした。顧客平均単価は200万円前後。一方、N社の価格体

系はその3分の1くらいでした。

結局、N社のキッチンを当社の工場で製作していることが知られることによる、ブランドイメージのダウンを心配してこの話を断りました。しかし、技術的に上位であるメーカーのこだわりとプライドを強く印象づけられたものでした。

クリステンセンの「破壊的技術論」で説明すると、「上位市場に所属するキッチンハウスは、バリュー・ネットワークの強大な力により、N社という下位市場への移動は制限された」ということになります。「バリュー・ネットワーク」というのはキッチンハウス社の技術陣が保持するに至った優越感や、確立してしまった価値観です。


この例ではキッチンハウス社がプレイヤーBでした。プレイヤーBは、破壊的技術に直面し、それを採用できる能力があるにもかかわらず、そのバリュー・ネットワークのために破壊的技術を戦略的選択とすることはできません。

クリステンセンは、別会社の設立などの可能性も示唆していますが、その成功が稀であることも報告しています。

私は経営者の立場で、たとえばキッチンハウス社が安価な商品ライン専門の子会社を設立したとしても、問題は解決されなかったと判断します。2つの会社に資本関係があることはすぐに知れ渡り、上位商品のブランドイメージに傷がつくだけでなく、下位商品と同じような価格体系での出荷を求められる事態が予想されるからです。

そして下位商品会社が成功してしまうと、それは上位会社の脅威となります。このようにすでに成功しているキッチンハウス・ブランドを自傷するような経営行動は、選択できるものではありません。

それでは最後に残ったプレイヤーAは、破壊的技術を経営戦略的な選択肢として活用できるでしょうか。

それもありません。というのは、プレイヤーAは市場で競争劣位として出発しています。そして、持っている技術要素はその破壊的技術ただ1つ、というプレイヤーです。ですから経営戦略の選択肢の1つとしてその破壊的技術を拡販するわけではないのです。プレイヤーAにはそれしかない。そんな状況の中でただ必死に戦っているだけでしょう。それは、経営戦略の選択肢ではありません。1つしかないものは選択肢とはいいません。

このように考えてみると、破壊的技術を経営戦略の立案に使えるプレイヤーは存在しないことになります。クリステンセンの解説と分析は見事なもので、学問的には意味がありました。しかし、実際の経営戦略を立てる際のパーツとして使えないとなると、それは実用的には価値がないものです。この段落の2つの文を縮めて言い直しましょう。

「意味があるけど、価値がない」

6 ゲーム理論は、経営戦略に使えるか

もう1つ、戦略論として取り上げられることが多い「ゲーム理論」について触れておきます。沼上幹は「ゲーム理論」を、

相手の出方を読みながら、相互の『打ち手』の成り行きとそれが業界全体にもたらす変化を予想するという思考法を使っていること

（沼上幹『経営戦略の思考法』日本経済新聞出版社、2009年）

と、要約した上で、

ブランデンバーガーとネイルバフの『ゲーム理論で勝つ経営』は非常に洞察力に富んだ戦略論の書物である。

（同書）

と、評価しています。

これには賛同できません。プレイヤーが複数いて、それぞれの意思決定選択肢に対して反応

し合いながら自分の選択肢を考えるということでは、「囚人のジレンマ」という仮想ケースが知られています。

同じ犯罪で、別々に取り調べられている2人の囚人が黙秘か自白かを選択する上で、他方の囚人がどちらの選択をするかによって自分の有利度（量刑）が変わる、しかし他方の選択は知ることができないという仮想のケースです。この場合2人の囚人の選択の組み合わせは、2人あわせて4通りあるとされました。

私はここで、「囚人のジレンマ」のケースとしての設定や立論、あるいはその結論について意見を述べるつもりはありません。登場するプレイヤーとその意思決定についての選択肢（オプション）の数が非現実的だということを指摘したいのです。

現実のビジネス界で、プレイヤーが2社というのは、およそ例外的なものということができます。実際には業界全体どころか、自社が参入している特定マーケットでも、多数の競合に取り囲まれているケースのほうが圧倒的なわけです。

「囚人のジレンマ」がいかに特殊な想定であるか。たとえば、自社が参入しているマーケットでは他に5つの会社が競合していると考えてみましょう。合計6社です。

[ケース：社長のジレンマ]

X社は、Y県でZの商品カテゴリーを扱っている卸売り商社である。Y県ではX社と同様の

6-3 黒か白か、6社の選択組み合わせ数

競合対峙する会社の数 （競合参入する会社の数）	競合対峙する会社数の組み合わせ	競合参加社の黒/白選択の組み合わせ数
0社　（計1社）	1通り	$2^1\times\ 1=\ \ 2$
1社　（計2社）	5通り	$2^2\times\ 5=\ 20$
2社　（計3社）	10通り	$2^3\times 10=\ 80$
3社　（計4社）	10通り	$2^4\times 10=160$
4社　（計5社）	5通り	$2^5\times\ 5=160$
5社　（自社も含めて計6社）	1通り	$2^6\times\ 1=\ 64$
計	32通り	486組み合わせ

ビジネスを展開している競合が他に5社ある。これらの商社の商流に適した新製品が、メーカーのQ社によって開発された。Q社ではしかし、その新製品を高機能バージョンと低価格バージョンの2種類として売り出すこととして、前者を「黒」、後者を「白」と名づけた。

メーカーQ社は地場の商社すべてに、どちらかの採用を働きかけている。ただメーカーQ社では、「同じ商社から黒も白も流れることは好ましくない」として、どちらか一方だけの採用を求めている。この新製品は魅力的なものだが、必ずしも6社の商社すべてが扱うことはないかもしれない。

X社の社長は、意思決定する前に、競合がどの程度これらの新商品を採用するか、推定したい。商社6社が「黒」か「白」か「取り扱わない」かの組み合わせ数はいくつあるか。

「ゲーム理論」では他のプレーヤーの意思決定を

想定しながら当方の意思決定、つまり戦略的選択肢を決定していきます。6つの会社が、ある事象に関して白か黒かの単純な意思決定をすることを想定した場合、一体いくつの場合が存在しうるのでしょうか。

ある事象について、6社のうちの1社だけが自社に対抗して競合参加するという場合は、自社との組み合わせで5通りあります（以下、数学でいう「組み合わせ」の公式で計算できます）。2社だけが参加する場合は10通り、3社の場合も10通り、4社の場合は5通り、5社の場合は1通りあります。競合が誰も参加しない、自社だけという場合も数えると、合計で32通りの組み合わせがあるわけです。

次に、これらの「会社の組み合わせ」のそれぞれの場合で、各社が「黒」か「白」を選ぶ「場合分け」の数を数え上げると、図表にあるようになんと486もの組み合わせがあり得ます。

さて、すべての組み合わせの可能性をこのように想定をしたあげく、今度はどの組み合わせが起こり得るのか、それぞれの確率も想定しなければならないのでしょうか。

もうここまでで、「ゲーム理論」が事業会社にとって競争戦略のツールとして実用性があるかどうかが判断できたかと思います。

しかも、現実のビジネス界では意思決定というのは、「黒か白か」ではなく、黒と白の間に無限にあるグラデーションのどこかを選択することのほうが多いわけです。なおかつ、競合の意思決定などは事前に忖度《そんたく》できることではないと、この本で繰り返し指摘してきました。

7

「ランチェスター戦略」は使える

ここまでに触れていない競争戦略で、もう1つ知られているのが「ランチェスター戦略」です。ランチェスター戦略はいくつかの点で、これまでに紹介してきた戦略セオリーと異なります。

◆他の戦略と異なる2つの点

異同の第一は、河合のグラフに書き込めない、ということ。河合のグラフに書き込めないのは、そのグラフが両軸としているのが「価格と機能」なのに対し、「ランチェスター戦略」の場合は、

Ⓐ 特定市場におけるマーケット・シェア

Ⓑ そこにおける競合会社との相対的優劣関係

の2つをポジショニングの両軸としているからです。

福田秀人はそれらをさらに、実行すべき「3つの競争原則」として次のように解説しています。

①**ナンバーワン主義**（占拠率優劣の法則）

マーケットを細かく分け、小さくてもナンバーワンになれる、ないし、なっている得意分野を見つけ、それを起点に、ナンバーワンの領域を広げていく。

②**競争目標と攻撃目標の分離**（弱い者いじめの法則）

競争目標は、自社とシェア率で伯仲しているか、若干上にある企業。攻撃目標は、自社よりシェアが低い企業。

③**一点集中主義**

数ある目標から、ひとつを選び、もてる力をそこに集中して、短期間で決定的な実績をあげていく。（略）

（福田秀人『リーダーになる人の「ランチェスター戦略」入門』東洋経済新報社、2009年）

福田が掲げた3つの点を、239ページの「ランチェスター戦略の両軸、Ⓐと Ⓑ」にあてはめれば、それぞれ①はⒶに、②はⒷに、③はⒶに内包される指摘かと思います。

つまり、福田の整理と私の理解は矛盾するものではありません。

異同の第2は、「ランチェスター戦略」はカタカナ用語ながら、まったくの和製のセオリーであること。その理論的バックボーンとなった「ランチェスターの法則」というのは確かにイギリス人のF・W・ランチェスターという人が発見したものですが、これは純粋に、戦争における損害量を示す数学式でした。日本で田岡信夫がビジネス戦略に応用し、「ランチェスター戦略」として流布し始めたのが1970年代の後半です。

私がサンダーバードにMBA留学したのが1982年のことでしたが、教室で「ランチェスター戦略」のことを持ち出しても誰も知りません。学生はおろか、教授陣まで知っている人はいませんでした。今でも欧米では知られていない戦略セオリーだと思います。

◆弱者の戦略は多くの会社に適用できる

しかし、留学前の30歳前後の時に「ランチェスター戦略」を知り、

「これは使える」

と思ったものです。そのころはちょうど、コーニング社が日本に電子部品事業部を立ち上げ、

私は若造ながらそこのマーケティング担当者として採用されました。エレクトロニクス大国の日本という大競合市場に後期参入となり、「何とかならんか」と試行錯誤していた時に出会ったのです。

「ランチェスター戦略」を実用の向きから評価しているのは、それが「弱者の戦略」だからです。

「弱者」が「強者（特定マーケットでのシェア1位社、あるいは自分よりも上位社）」と戦う手立てをいろいろと示してくれています。

「ブルー・オーシャン戦略」のところで示したように、日本には421万もの企業が存します。その中で、業界数でいえば千社程度だけがNO．1、つまり「強者」だとすれば、日本には420万社以上の「弱者」企業が存在するわけです。

「ブルー・オーシャン戦略」や「コア・コンピタンス論」は、いってみればこれら421万社に、数千社ほどしか出現し得ないナンバーワン企業になれといっていて、まったく実際的ではないと思います。一方、「ランチェスター戦略」は421万社という大多数会社に適用できる可能性があります。

「ランチェスター戦略」にご興味の向きは入門書や応用書がたくさん出ていますので、参照してください。

第 7 章

作った戦略を発表し、共有する

1 「きっとそれしかない」と思わせるのが最高のシナリオ

「戦略カードとシナリオ・ライティング」を、前章まで5つのステップと、10の作業に分けて展開してきました。

◆すでにあなたの経営戦略は完成している！

作業10を経て残ったカードを順番に「シナリオ・ツリー」の形に並べれば、あなたの経営戦略ができています。典型的には、以下の内容の、30枚程度のカードで構成されます。

- **「3年実現目標」カードが3枚**
- **「重要経営課題」カードが3枚**
- **それぞれの経営課題を説明する「経営課題の内容」がそれぞれに対して数枚**

（仮に2枚ずつとして、計6枚）

- 「重要経営課題」3枚のそれぞれに対して「解決策カード」が3枚ずつ、計9枚
- 「解決策カード」9枚それぞれに「派生問題（重大障害）」と「対応策」が1枚ずつ

（でもこれは1つのカードに併記する形でまとめるので、計9枚）

あなたが作った「戦略パッケージ」が、説得力と蓋然性を備えるための要件に、どんなものがあるでしょう。経営戦略としての全体シナリオで優劣がつくのは、どんなところでしょうか。

フィリップスライティング社やミード社で私が繰り出した経営戦略の話を、公開セミナーなどで披露して参加者に感想を聞いてみました。一度だけでしたが、

「結局、当たり前のことを当たり前にやったわけですね」

と、言われたことがありました。私は大いに驚き、少しがっかりしたものです。

でもこの参加者の方の感想は、実は経営戦略のシナリオの性格について正鵠《せいこく》を射たものだと考え直しました。どういうことなのか、説明します。

戦略のシナリオ設定は「課題↓解決策↓派生問題↓対処」と進行します。それぞれのステップでカード出しと選択があり、残ったカードが縦に並んでいき、いわば1つの小シナリオを形成していきます。

この、提出されるシナリオが自然に流れるような形になるものがよい。「よい」とは成功する蓋然性も高いし、組織の中で理解されやすく、受け入れられやすいということです。

「出されてみれば当たり前」

と受け止められるのは、ですから出来のよいシナリオと考えられます。

◆出来のよい戦略シナリオは説得力に富む

私の戦略シナリオは、当該する組織の3年枠での行動規範を示すものです。ところが経営学で苦しいところは、どのようなセオリーや戦略シナリオを採用するにせよ、その成功の事前証明ができない、ということです。

これは論理学的に考えてもわかることなのですが、「必ず競争会社Bに勝利できる」といった競争戦略を会社Aが設定できたとしましょう。会社Aはそのためにあらゆる情報を集め、可能な限りのアイデアを検討して最高のシナリオを構築します。ところが競争会社Bも同じアプローチをしたとすると、何ということはない、新しい競争関係が現出するだけです。つまり、「絶対的なシナリオ」というものは存在し得ないということになります。

これらは論理学的な説明で、実ビジネスでは競合会社Bの動向をそこまで気にすることはないし、気にしようとしても他の会社がどんなことを考えているかなど、なかなかわからない。

要するに、

「どんなシナリオを用意しても、絶対の成功は保証されていない」

ということです。

ですから、どんなに頭を絞って戦略シナリオを作り込んでいっても、それは、

「起こるかもしれない」

の域を出ることは、実はありません。

それにもかかわらず、やはり出来のよいシナリオとそうでないものとがあります。出来の悪いほうから説明すると、そのシナリオを聞かされたステーク・ホルダー（社員などのビジネス関係者）に、

「そんなこと起こるわけがないじゃないか」

と思われてしまいます。

これは、シナリオの中でロジックが破綻しているか、思いつきがあまりに突飛だったり、貧弱だったりして、「目標の実現」への貢献がほとんど期待できないと判断されてしまうような場合です。

しかしシナリオの出来具合により、評価は次のように変わってきます。

「もしかして起こるかもしれないな」

「たぶん可能かもしれない」

そうなのです。戦略シナリオは、それが実現する蓋然性をどれだけ示せるかによって、その説得度が担保されるのです。そして、実現性が期待できなければ、組織の成員は（あなたの部下は）その戦略の実行のために動いてくれません。

戦略シナリオに対する最高の評価は

「絶対それだよ、それ以外にないはずだ！」

と思わせることです。

前述したように、実ビジネス世界では「事前証明」とか、「絶対」ということはありません。それでも、提出されたシナリオがとても自然に流れ、素晴らしい思いつき（つまり解決策）が提示され、派生問題や対処までしっかり目配りされている。

「必ず実現するし、素晴らしい。それを実行しなければ当社の損失だ」と思わせるまでの説得力に富むシナリオの策定が、組織全体を勇気づけ、皆の力を結集させていくものなのです。

フィリップスライティング社などで私が繰り出した経営戦略は、それ以前に存在しないものでした。それにもかかわらず、その経営の立場にある人なら誰でも必ず選択するようなものに受け止められ、業績の急激な回復を「当然、自然」と理解されたのは、その戦略シナリオの練度が非常に高かったということだったのかなと思います。

国文科出なので、法螺話をするのが上手なだけだ、という人もいますが。

2 作った戦略は全社の承認を得る

戦略を作っても、関係者と共有しなければまったく価値がありません。世の中には、整合性の取れた経営戦略を作ることなしに押し進んでしまっている経営者もたくさんいます。典型としては創業経営者などが、直感的な事業感覚でがむしゃらに事業展開しているようなケースです。

いわば、「オレについてこい」というスタイルで先頭に立って走っていきます。社員は社長の背中を見て追いかけて行くだけで、説明などとてももらえない。先頭に立っている社長自身も自分でどこを目指しているかよくわからない。あちらにつまずき、こちらに足を取られなどしながら猛進しているようなスタイルです。

そして……そんな形で成功している事業家は、結構いるんですね。何より創業者としての覚悟があるので、そのエネルギーは尋常ではないし、集中からくる意思決定は（試行錯誤するとしても）なかなか鼻が利いているものです。

◆経営者は戦略を説明しなければならない

しかしそれ以外の会社、つまり経営と資本が分離されているような会社では、このような「創業経営者」型のリーダーシップは許されない、あるいは効率が悪いことになります。

なぜなら、経営者や部門責任者には「説明責任」が伴うものだからです。

外資の場合は、「本国本社」としての「資本家」がいました。また買収ファンドから派遣されて乗り込んだ経営者として、社長を務めたこともあります。その場合はそのファンドが「資本家」です。つまり「経営」と「資本」は切り離されていました。

また、たとえ自分が創業経営者で過半の株式を所有している「オーナー経営者」であったとしても、金融機関から借り入れなどしていれば「仮想資本家」がいるわけですから、彼らに対しての「説明責任」が発生します。上場していればその重要性はいうまでもありません。

経営者は経営戦略について資本家側に説明し、了解や承認を得ておく責任があるのです。

◆共有することで、経営のベクトルを合わせる

「資本家」や「仮想資本家」の承認が得られたら、次に自社の経営戦略について知っておいてほしい人たちがいます。それは、社員たちです。

前述したように、オーナー経営者の場合は、「オレについてこい」という「直感勝負の事業家タイプ」が往々にして見られます。しかしやはり会社を支えてくれている社員たちとは戦略

7-1　承認を受けて、戦略を共有する

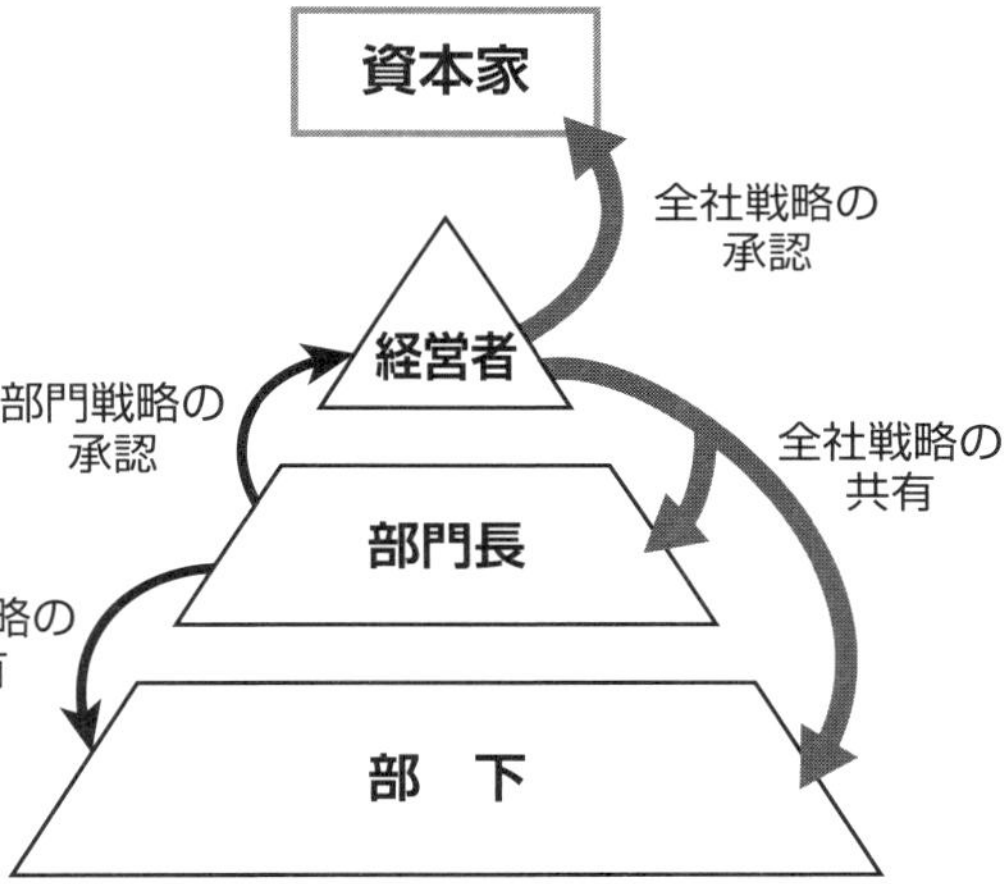

を共有しておいたほうがよい。

つまり、会社がどんなことを目指し、どこへ行こうとしているのか、それをどのように実現しようと考えているのか、その場合想定されるリスクにはどんなものがあり、どのように対処しようと考えているのか。そのようなことをはっきり示しておけば皆が迷うことはありません。全社員が同じ方向を目指してがんばることができる、エネルギーを結集できる、ということです。これを、

「経営のベクトルを合わせる」

と言います。

◆部門戦略から全社戦略へ

あなたが経営者ではなく、事業部や部・課を率いている部門長だとしたら、作成した部門戦略について上司に報告し、承認を受ける必要が

あります。

部門戦略として来たるべき3年のバトル・プラン（戦闘計画）の大枠を立てたわけですから、これは上長や経営陣としっかり意思疎通とベクトル合わせをしておかなければなりません。

社長や経営陣、あるいは事業部長などに報告すると、自分が作成した部門戦略について改善を指摘されたり、目指す方向についての指導を受けることがあります。でも心配することはありません。実は指導を受けないことのほうが少ないし、指摘を受けるほうが企業にとって健全な戦略設定ということになるからです。

というのは、会社の上層部には全社戦略があるわけですから、あなたが作った部門戦略は会社全体の戦略と方向性などについて齟齬があってはいけないからです。社長や経営陣は、まだ部門責任者には下ろしていない計画や情報、そして全社戦略を持っているのがむしろ当然です。

そうであれば経営陣が全社を導いていこうとする方向と、あなたが作った部門戦略のそれを摺り合わせようとするのは当然でしょう。また、経営者は他部門の情報や戦略を押さえているので、あなたが作った部門戦略をそれらと照らし合わせて、さらに整合性や効率を高める方法を知っていることもあるでしょう。

いずれにしても、作った部門戦略は組織の上部に報告し、検討を重ねてもらった上で承認を得る必要があります。

部門戦略が上がってくるまで、全社戦略を作成していない会社もいくらでもあります。そういう場合にも、部門戦略を役員会などに提示することはとても有効です。

私が部長や部門長に対して部門戦略立案を指導する時、いつも最後には役員会に対しての「部門戦略発表会」で締めくくります。そうすると、各部門からの部門戦略をつきつけられて、今度は経営者が全社戦略の作成に向かうことになる会社が多い。つまり、それだけ多くの会社が全社戦略を自覚的に準備していない、ということです。

でも、こういう契機で全社戦略の策定に走るのも悪くありません。というのは、複数の部門から指摘された部門課題なら全社的に重要な経営課題であるはずだということです。

あるいは出そろった部門課題を見渡すと、構造的に（あるいは演繹的に）全社的な経営課題が浮き上がってきます。「戦略カードとシナリオ・ライティング」で作ってきた部門戦略が全社戦略を見直させる。後者の「暗黙知」を「明示知」に引きずり出すナレッジ・マネジメントを起動させることになります。

部門戦略が承認を受けたら、これもやはり部下たちに発表して「戦略共有」を徹底しましょう。

3 コミュニケータブルな形にまとめる
——発表用スライドとプレゼンテーション

それでは、「経営戦略を伝達できる形にする」ということについて説明します。「伝達できる形」にまとめられたものを「コミュニケータブル」な戦略と呼ぶことにします。戦略は必ずコミュニケータブルでなければなりません。

さあ、前章までまとめてきた「戦略カード」による「経営戦略のシナリオ・ライティング」をいよいよ発表できる形にしましょう。コンサルティング用語でいうところの「成果物」として確定、放出するのです。

手元には、各ステップで検討し選び抜いたカードが残り、その裏には「選択理由」が述べられています。これらのカードを組み立てれば「構成された経営戦略」となります。「構成された戦略」の形に仕上げれば、他の人に自分が作った戦略全体をお披露目することができます。

左ページ図表7-2に発表用スライドの構成を掲げます。これは私が各社で経営戦略立案の

7-2　発表用スライドの構成

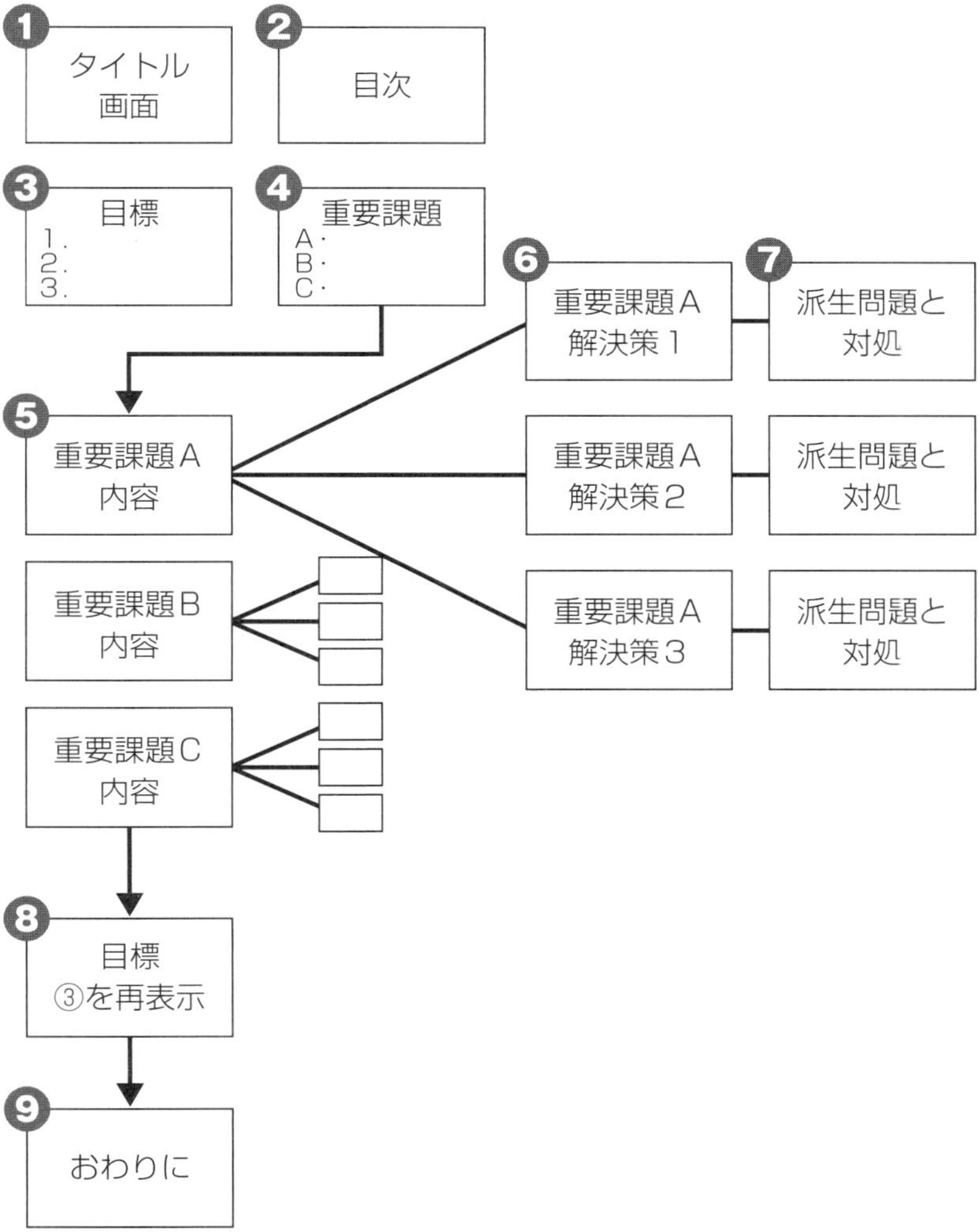

1
タイトル
画面
2
目次
3
目標
1.
2.
3.
4
重要課題
A・
B・
C・
5
重要課題A
内容
6
重要課題A
解決策1
7
派生問題と
対処
重要課題A
解決策2
派生問題と
対処
重要課題A
解決策3
派生問題と
対処
重要課題B
内容
重要課題C
内容
8
目標
③を再表示
9
おわりに

指導をする際に実際に使っているものです。

本書の前章までに作成、取捨選択して残ったカードをこのテンプレートに書き込んでいけば、発表用のスライドが完成するという簡単至便な優れものです。テンプレートとは、ご存知のように書き込む項目だけが指示されているブランク・スライドです。

この本の奥付の前のページ（302ページ）に無料で入手する方法が示されています。

◆戦略カードをもとに、「伝える」準備を行う

このテンプレートを仕上げれば、今まで英知を絞って作成してきた全社や部門の経営戦略を発表することができます。

パソコンのプロジェクターで投影しながら発表すれば、いわゆる「発表プレゼンテーション」です。プレゼンテーションが終われば、そのスライドはそのまま配付資料として出席できなかった人にも伝えることができます。

ブランク・ファイルであるテンプレートに戦略カードを書き写してもらったら、一度プロジェクターで投影しながら発表のリハーサル練習をなさることをお勧めします。なんといっても「経営戦略の発表」なのですから、堂々と流暢に説得力のある発表をしてほしいからです。

スライドを1枚ずつめくって（投影して）いけば、手元に残した手書きの戦略カードの裏に

そのカードを選んだ理由が書いてあります。

昔、紙芝居というモノがありました。お客側にはきれいな絵を見せますが、紙芝居屋さんはその裏側に書かれているいわゆる「ト書き」を読んでいたに過ぎません。練習ではこの方法でかまわないのです。

本番では、手元にカードがなくてもスクリーンにテキストが映し出されています。あなたはそれを説明すればよいだけです。スクリーン上のテキストが手がかりとなって問題なく説明できるはずです。

なにしろカードの絞り込みの段階で十分に取捨選考し、またその理由について考え抜いたではありませんか。しかも、映し出されるスライドは、あなたが作った「シナリオ」に沿って出現するので、説明できないことはありません。

プレゼンテーションのやり方については、いろいろな伝授本が出ているのでそれらを参考にしてください。私自身は『成功するデジタル・プレゼンテーション』（箱田忠昭・松茂幹、日本経済新聞社、２００１年）をいつも参考にしています。とてもよい本です。

4 戦略発表には前向きで、わかりやすい表現を

発表用のスライドで気をつけたいことは、

「テキスト（字数）を多くするな！」

ということです。


発表スライドの文字の大きさは、最低でも28ポイント（字の大きさの単位）くらいにしたいものです。ですから、文章は短く簡潔に、的確にして要を得た表現に刈り込みます。またその作業により、戦略としてのコンセプトが集約、洗練されて力強い、つまり重要な要素へと絞り込まれていきます。「要素の集約」と「演繹化」は、無数にある経営行為を優先順位により絞り込んでいく、とても重要な概念化行為なのです。

◆戦略は発表の仕方も大切

もし、発表内容として補足資料などを使いたい時はどうするか。

よく使われる補足資料には、たとえば新組織案の図などがあります。スクリーンに投影して読みにくいような細かさになったり、それだけではよく理解してもらえない場合は、ハードコピーの配付資料を準備します。

補足資料を準備する場合は、発表の前に配らないこと。そのスライドのところに差しかかった時に初めて配って読んでもらうようにします。

「発表用スライドのテンプレート」を使って、その書き込み方を解説します。各スライドには「スライド番号」が振ってありますので、それを参照してください。

スライド1：タイトル画面

「タイトル」は、全社戦略であれば「A社中期経営戦略」、あるいは「A社3年経営戦略」などと入れます。事業部や部・課などの部門戦略の場合でしたら、「A社B部門中期経営戦略」とします。

続いて、勇ましい副題をつけましょう。

「××へのチャレンジ」

「真の顧客サービス実現のために」

「日本一の××チェーンを目指して」

「事業拡張の新世代」

などです。

「日付」は発表当日の日付を入れます。「社名」「所属」「肩書き」「発表者氏名」を明示します。

スライド2：目次

「タイトル」には、スライド1のタイトルをそのまま転記します。

他に「目標」「重要課題」「解決策」「派生問題と対処」はそのまま残し、書き込むことはありません。というのは、スライド2はこの発表の「目次」となるものだからです。

スライド3：目標

スライド3には、戦略カードで絞り込んだ「3つの3年実現目標」を転記します。

カード作成のところでも書きましたが、「箇条書き」や「項目書き出し」の形ではなく、「短い文章」を3つ並べましょう。それぞれの文章の表現が、

- シンプル
- 力強い
- 希望に溢れる、前向き

であることを再度確認し、修正などしてください。

「3つの目標」を掲げる順番は特にありません。定量目標と定性目標が混在しても不都合、不

7-3　スライド1～4のテンプレート

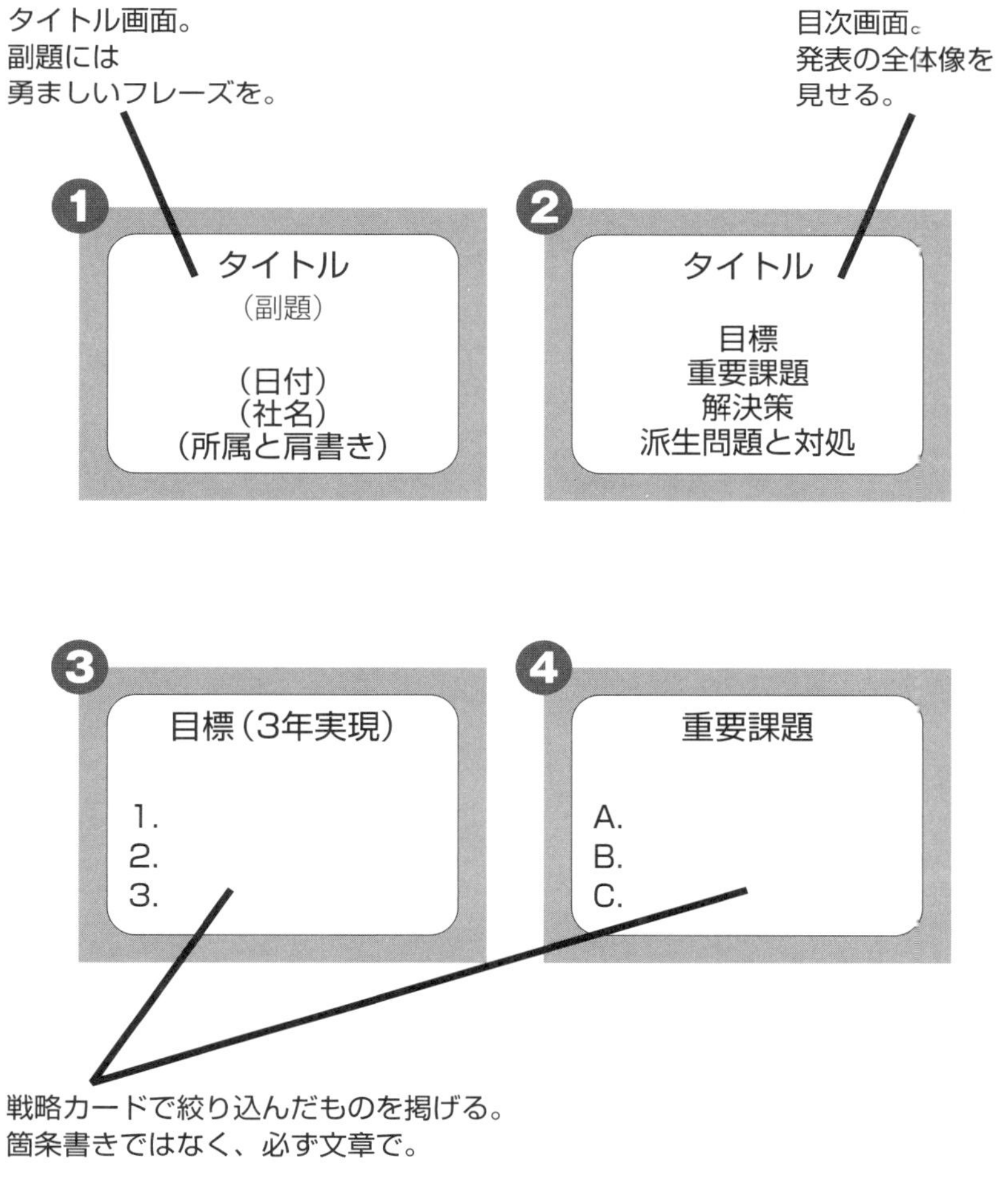
タイトル画面。
副題には
勇ましいフレーズを。
目次画面。
発表の全体像を
見せる。
1
タイトル
（副題）
（日付）
（社名）
（所属と肩書き）
2
タイトル
目標
重要課題
解決策
派生問題と対処
3
目標（3年実現）
1.
2.
3.
4
重要課題
A.
B.
C.
戦略カードで絞り込んだものを掲げる。
箇条書きではなく、必ず文章で。

自然なことはないと思ってください。

また、それぞれの目標は「文章」で表現されるので、必ず句点（。）をつけて終わってください。戦略立案は言語行為ですが、その伝達行為も言語表現となります。細部までしっかりした文章に仕上げましょう。

発表用のソフトに少し詳しいようでしたら、これらの3つの「目標」がいきなりスクリーンに現れるのでなく、1つずつ順番に出現する「アニメーション機能」を使うと、説明していくのに効果的です。

◆3年目標の課題で「戦略の入り口」を示す

スライド4：重要課題

スライド4には、戦略カードで絞り込んだ「3つの重要な経営課題」を掲げます。順番を示すのに、数字の番号でなく「課題A」、「課題B」、「課題C」とアルファベットで表します。これ以降のスライドで数字番号を多用するので、ここではアルファベットを使うと聞く人の混乱が少なくなります。

「部下にわかりやすい戦略の伝え方」とは、やさしい文章による表現だったり、混乱の少ない構成だったりすることを理解しておきましょう。

ここでも3つの重要課題は、それぞれ文章で、句点で終わります。これ以降のスライドでもこのことは気をつけてください。

さて、「重要課題の提示」というこのスライドはとても重要です。なぜこれらの「課題」がこれから先3年に解決すべき「最重要」な3つの課題となるのか、あなたの認識と評価はどうなのか。いわば「課題解決型の戦略立案」で「戦略の入り口」を説明、説得するスライドなのです。

各社で私が指導する場合、実際にはこの後に3枚のスライドを追加させることが普通です。つまり、3つの重要課題それぞれに1枚の追加スライドを立てて、その背景や起こっていることなどを伝えます。

そして、それらの個別のスライドを見せながら、口頭で、なぜその課題が重要な経営課題として当社あるいは当部門に立ちはだかっているのか、責任者であるあなたの認識をはっきり述べて、オーディエンス（聞いている人）に納得してもらいましょう。

スライド5：課題A

スライド4で掲げた「3つの重要経営課題」の中の1つを「課題A」として、説明します。スライドの本文で説明テキストを掲げたり、補正のスライドを起こして詳述したりするのもよいでしょう。

◆解決策は「戦略そのもの」

スライド6：解決策

スライド6の1行目に、

「課題A（項目）」とあります。これは、スライド5で示した課題Aを転記します。しかし、転記する時、今度はフルに文章で書き出す必要はありません。スライド5での、フルの表現がたとえば、

「販売チャネルが××だけで固定してしまっている」

などの文章だとしたら、スライド6ではそれを項目として、

「課題A（販売チャネルが固定）」

などと簡単にします。要は本文に示す「解決策」に対応している「課題」を思い起こしてもらえばよいのです。

「解決策」の3つは、きちんと文章で書き出し、できればアニメーションで「順次出現」させます。

でも、スライド6での「課題A（項目）」は繰り返しなので、小さいサイズの字でかまいません。視認性を考えて20ポイントくらいでしょうか。

スライド6の後にもスライドを追加させて、それぞれの解決策をさらに説明することをお勧めします。

7-4　スライド5～7のテンプレート

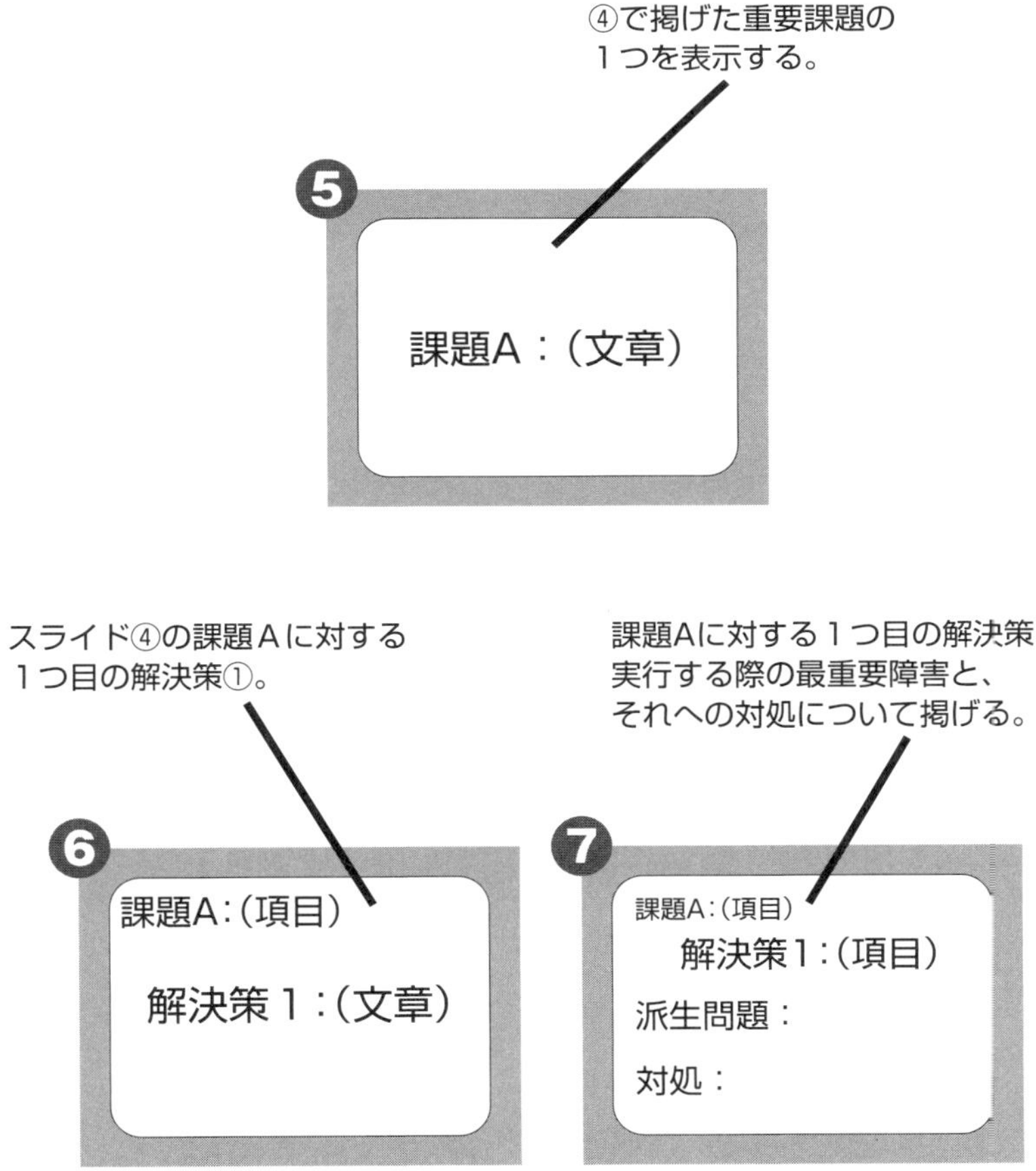
④で掲げた重要課題の
1つを表示する。
5
課題A：（文章）
スライド④の課題Aに対する
1つ目の解決策①。
6
課題A：（項目）
解決策1：（文章）
課題Aに対する1つ目の解決策を
実行する際の最重要障害と、
それへの対処について掲げる。
7
課題A：（項目）
解決策1：（項目）
派生問題：
対処：

「解決策」＝「戦略そのもの」というほど重要ですし、それぞれの「解決策」がこれから来る3年の間の重要なアクション・プランです。解決策の1、2、3のそれぞれについて少し具体的な手順や方策を示して理解を得ましょう。ここでオーディエンスは、自社（あるいは自部門）がどのようなことを実行しようとしているかを理解するわけです。

スライド7：派生問題と対処

左の上に小さく「課題A」とその「内容」を項目として示します。スライドが進んでくると、そもそも何について話されているか、オーディエンスが少し忘れてしまったり、混乱してくる恐れがあるからです。

同じく、上部にセンタリング（左右中央揃え）で「解決策1」とその「内容」を項目として簡単に示します。

「派生問題」は選んだカード1枚だけを作成すれば結構です。つまり「最重要障害」と思われることが示されます。そして、それを解決すべき「対処」のカードを作ります。

アニメーションを使うなら、このスライドが映写された段階では、「解決策1：（項目）」まで見えている。次に「派生問題」が出現し、それを説明し終えたら「対処」を現して見せると効果的です。

7-5　スライド8・9のテンプレート

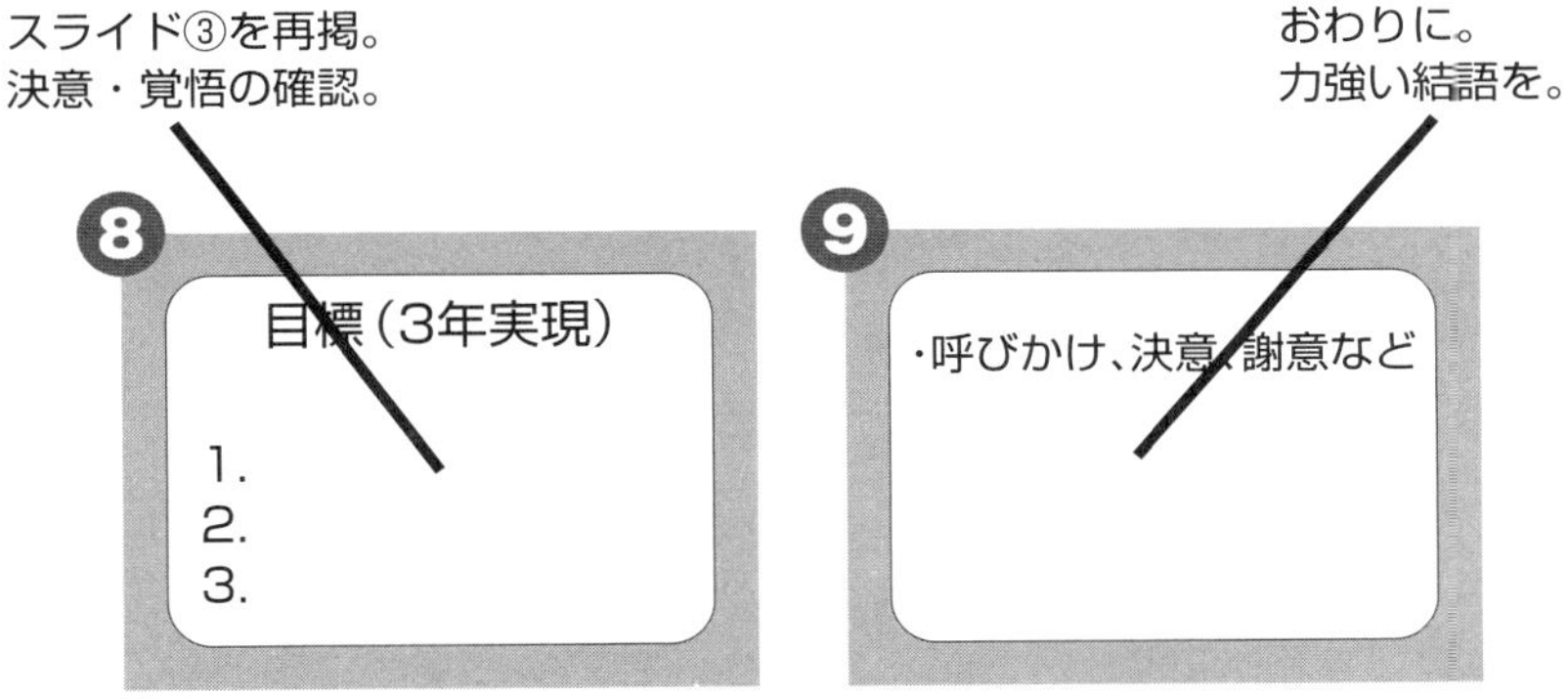
スライド③を再掲。
決意・覚悟の確認。
おわりに。
力強い結語を。
8
目標（3年実現）
1.
2.
3.
9
・呼びかけ、決意、謝意など

さらに、課題B、Cについても、スライド5～7と同様に作成します。

以上のスライド展開は、発表する「課題」の数、「解決策」の数に対応するわけです。

これらの一連の発表が終わると、目標（3年実現）のスライドに移行します。

スライド8：目標（繰り返し）

まず、スライド3、すなわち「目標」を再び掲げます。

これまでのステップを踏んで、最初に掲げた「3年目標」を是が非でも実現するぞ、という決意・覚悟を再度述べましょう。

スライド9：おわりに

最後に謝意や、理解や承認、支援などへの呼びかけのスライドを用意して、それを見せながら力強い結語とします。

この章では、作成してきた戦略カードを発表用スライドに転記してきました。転記が終わって、改めてスライドを印刷してみましょう。1ページ4スライドくらいの印刷モードのほうが、全体を俯瞰しやすいと思います。

そうしてみると、「課題A」に対して、「3つの解決策（つまり戦略そのもの、あるいはアクション・プラン）」が示され、それぞれの「解決策」には「派生問題（つまり最重要障害）」が想定された上でそれへの「対処法」まで示されています。

これが、シナリオ・ライティングにおける「縦の流れの戦略設定」となります。

重要なことは、この「縦の流れの戦略」のそれぞれ、つまり「ミニ・シナリオ」のそれぞれの流れが少なくとも論理的に破綻していないことです。戦略の発表においては（特に承認を得るための発表では）論理的に成立していなければ話になりません。

各ステップでの「カード出し」と「カード選び」により十分に検討してきてはいますが、スライドの形で流れが見えるようにしました。戦略の作成者自身がその立論に違和感がないか、しっかりチェックしましょう。

第 8 章

戦略を実際に動かすのは誰か

1 モチベーションを上げるために

この本の初めに「繁栄の黄金律」を紹介しました。覚えていますか？
それは、次の4つの要素からなっていました。

①成長戦略
②組織効率
③モチベーション
④コミュニケーション

ここまで、フィリップスライティング社をターンアラウンドさせるために、私が実際に繰り出した戦略パッケージを例にお伝えしてきました。「繁栄の黄金律」の4要素の中で説明していない部分が残りましたので、それをお話ししてフィリップスでの戦略シナリオを締めくくりましょう。

それは、「モチベーション」についてです。

◆社員のモチベーションを一気にアップさせた3つのプログラム

1996年の9月に着任した私は、約2か月で自分の経営戦略をまとめ、11月末に上司であるデビット・ハミルから承認と支援を取りつけました。そして、その年の12月から本格的にロールアウトをし始めました。組織の改編を完了できたのは翌年の3月末になっていました。その3か月の間に、販管部門の社員の4分の1に退職してもらったことになります。

着任した時、打ち続いた不振のために社員のモラルはずいぶん低くなっていると感じました。新社長である私が次々と新施策を実施するにつれ、それは向上改善していったと思います。しかし、やがて始まったリストラにより、社員のモチベーションは再び萎えていきました。そのことをひしひしと感じました。

1997年3月31日、私はまた東京本社の全員を集めました。今度は50名くらいになっていました。

まず、「リストラが続いて、皆さんも心配なさったりしていたことでしょう」と切り出しました。そして、

「しかし皆さん、これで今回のリストラは終了します」

と、はっきりと終結宣言をしました。残った社員の人たちに安心してもらわなければなりません。ただ、それにしては皆が受けてしまったダメージが大きい。

「たくさんの仲間に辞めてもらいました。とても申し訳ないことだと思っています」

そんなことを言っても、皆心の中で私のことを非難していたことでしょう。

「でも、思うんですけど……『去るも地獄、残るも地獄』ってありますね？　あれじゃいけないと思うんですよ」

と呼びかけました。

「？」という反応。

「今ここに残っている私たちは、辞めてくれた人たちの分まで幸せにならなければならない。そうでなければ、本意でなく辞めていった人たちに申し訳ないと思います」

居並ぶ社員たちはすぐには説得されません。私は続けました。

「残ってくれた皆さん、これから一生懸命に頑張ってもらう皆にはぜひ幸せになってもらいたいと思っています。そしてその実現のために、今日私は3つのことを発表します」

3つって、何だ？


「まず、ちょうどベアの時期ですので」

当社は外資だったので、給与改訂は4月ではなかったのですが、

「皆さんの給与を見直し、再評価しました。4月から皆さんの給与は平均で……」

ちょっと間を取ります。

「13％上がります」

リストラをする会社では、残った社員も給与は減俸になる、というところが多い。その逆を行ったわけです。原資はありました。辞めてもらった社員たちの退職金は前年度までにその都度会計引当てがなされていたので、積み増し分だけがこの年の追加経費として計上されました。一方、4分の1もの社員の報酬がなくなりました。また、正社員に対してほぼ年収と同額程度発生する諸経費が不要となりました。

それにしても、平均13%のベースアップというのは大きなものでした。何しろ上がる率は最低でも5%、私による評価査定で最高評価を受けた社員は30%も上がったのです。

「次に、皆さんに研修の機会を与えます」

と、発表を続けました。業務に関係するものはどんなものでも無制限に全額会社が負担する、と続けました。実際、この後社内での英会話教室、パソコン研修、業務に関する専門研修などを立て続けに実施しました。外部の教室やセミナーなどに行きたいという社員にはよろこんで就業時間内でも行かせ、全額を会社で負担しました。

最もお金を使った社員は、「MBAを取りたい」と言ってきた20代の男性社員でした。これも「国内の社会人経営大学院なら」として許可しました。しばらくして、ある部長が、

「社長、彼だけにあんなに金を使っていいのですか」

と糺したことがありました。私はカラカラと笑って、

「なーに、2人目が出たら大したものだよ」

と答えたことを覚えています。

デビット・ハミルが常々、

「Training is free」

と言っていました。研修を与えることは、その出費以上に必ず会社に利益をもたらすものだ、という意味です。彼とは最後には袂を分かつことになりましたが、優秀なエグゼクティブで学ぶところも多かったことは確かです。


「それから、今年はあと9か月も残っています」

私は3つ目のプログラムを発表しました。

「昨年下げ止まった年商75億円が、今年は上向き始めています。戦略商品やら、組織改編などで会社としても手を打っています」

このあたりになると、社員たちも聞いていてくれるのがわかりました。

「これから残った皆で頑張り、昨年対比で25%乗せの93億円達成を目指します」

聞いていた社員たちの表情が動きました。でもそれは、「えー、無理なことを」といった感じに目をむく、という風情でした。私は構わず続けます。

「もし、この目標を達成できた時は、ここにいる社員全員に」

（全員に？）

「来年、ヨーロッパに1週間行ってもらいます」

「全員ですから、秘書の人もカスタマー・サポートの人も、全員です」

このプログラムを私は「オランダ・チャレンジ」と名前をつけて発表しました。そしてキャッチフレーズとして「みんなでチューリップを見に行こう」というのを掲げました。オランダといえばチューリップなので、イメージが湧きやすいと思ったのです。

社内向けだとしても、何かキャンペーンをする場合は、このように印象的なネーミングと、成功のイメージをかき立てるキャッチフレーズを用意することはとても有効です。

「オランダ・チャレンジ」を説明し始めると、明らかに社員たちの表情から手応えを感じました。特に女性社員の目の色が変わってきたのが実感できたのです。

この日の朝礼を境に、内勤の女性社員の営業社員に対するサポートの度合い、意気込みが明らかに変わりました。営業が夕刻に帰社すると、取引先に見積書を出したり追加資料を準備する仕事なのですが、それらの支援作業を一生懸命やってくれるようになりました。さらに残業することも厭わないという熱心さが見られるようになりました。少し強調した言い方をすれば、

「はい、また売ってきてくださいね」

と営業社員を送り出す、お尻を蹴飛ばして……といった風情でしょうか。オフィスの壁には、

営業チームごとの月次売上げ目標とその月の達成棒グラフが貼られ、毎日伸びていくさまが全員に示されます。

外資といえど、こういうことはアナログで表示したほうがよい。お祭りムードを醸し出すわけです。棒グラフの上には、例のキャッチフレーズがあります。

◆モチベーションのターンアラウンドを起こせ！

図表1-2（20ページ）でフィリップスライティング社の業績の年次推移は示したので、このキャンペーンが成功したことはもうおわかりだと思います。

翌年、60名強の社員は3つの班に分かれて、5月から6月のヨーロッパで一番いい季節に出かけて行きました。

土曜日に出かけて翌週の日曜日に帰って来る、まるまる9日間の旅程です。各グループは、行きと帰りの飛行機だけは一緒に行くことにして、アムステルダムのスキポール空港を拠点としました。しかし、スキポールに着いたら、帰りのその日まで一切自由行動としました。グループで行動した社員もいましたが、単独でトルコやスペインを回ってきた人たちもいました。

もちろん、フィリップスの企業城下町であるアイントホーヘンの本社を訪れ、今まで顔を見たことがなかった本社側の担当者と挨拶してきた社員もいました。この旅行は「研修旅行」という名目で実施したので、社員たちは帰国してレポートの提出を求められていました。でもその内容は、たとえば「パリの夜景照明について」などでよかったのです。形式がきちんと整っていれば、税務監査があっても経費として認められるからです。

今でも当時秘書をしてくれていた安部さんに会うと褒められます。

「あの時、山田さんがオランダ・チャレンジを実施してくれなかったら、私たち女性社員は定年まで社費でヨーロッパ出張なんてする機会はなかったでしょう。みんな本当に感謝しました」

3月31日、この日の朝礼で私は社員たちの間に真のターンアラウンド――モチベーションのターンアラウンド――を始動したと思います。着任してからちょうど半年目の朝のことでした。

社員のモチベーションを上げるには大きく3つの要素があります。それは次のようなものです。

①コミュニケーション

②インセンティブ（報酬・待遇の改善や期待）

③トレーニング（自己開発と自己実現の機会）

コミュニケーションについては、第4章でお話しした通りですが、最後の段階で、一気に②と③を活用したわけです。

2 「リソース・ベースト・ビュー」には納得感がある

◆大切なのは、「気づき」と「思いつき」

フィリップスライティング社での事例を紹介しながら、「戦略カードとシナリオ・ライティング」による「課題解決型の戦略立案法」を説明してきました。48ページの図表2-2では、説得できる戦略シナリオを構築するために必要な要素を、次のように列挙しました。

- **想像力**
- **論理性**
- **展開力**
- **叙述力**

でも結局、大事なことは「気づき」と「思いつき」なんです。

現在の状況で、最も問題となっている経営課題は何なのか、それに素直に気づけること。これは経営者としてのセンスなのです。

日々対峙している自分の会社。今さらいくら分析を始めても深めても、おそらく現在わかっていないこと、気づいていないことは出てこない。ふと考え込めば直覚的に重要な課題に思い至る。それはきっと以前から気になっていたこと、わかっていたのだけれど対応してこなかったこと、そんな課題であることが多いはずです。

「戦略をきっちり作るんだ」ということになり、たとえば戦略カードを使って改めて言語化してみれば、それは前から感じていた課題ではないでしょうか。

よい「気づき」、あるいは「改めての認識」というスタート点がないと、よい戦略は出てこないでしょう。「気づき」が「課題解決型の戦略立案法」の入り口なのですから。

そして「思いつき」です。

現在の状況を打破するためにどんなことが有効なのか、どんな手を打つことができるのか、それを思いつく。思いつくための入り口として足元の経営課題を見つめて認識する。そして「それをどうできるか」について頭を働かせる。さらに、「ああなれば、こうなる」とシナリオ展開に没入していく。

8-1 戦略立案のために重要な「気づき」と「思いつき」

STEP1

目 標 設 定

作業１ ▶「３年目標」のカード出し

作業２ ▶ 重要目標カードを選定し、理由を裏書き

STEP2

目 標 合 意

作業３ ▶ 目標合意（できれば）

STEP3

気づき ▶ **課 題 の 発 見**

作業４ ▶「課題の洗い出し」と重要課題の認識

作業５ ▶ ３つの重要課題カードを選定し、理由を裏書き

STEP4

思いつき ▶ **解決策の策定**

作業６ ▶ 重要課題それぞれに解決策カード出し

作業７ ▶ ３つの重要課題解決策カードを選定し、理由を裏書き

作業８ ▶ 重要課題解決策カードに戦術カードを追加

STEP5

派生問題と対処

作業９ ▶ 解決策それぞれに対して「派生問題カード」出し

作業10 ▶「最大障害カード」に対して対応策カードを選定

その作業を「戦略カード」の助けを借りて進めていくのです。そして最後に発表用スライドに転記して、しっかりした「戦略ツリー」の形にまとめあげます。

このように、私の戦略立案法は策定者の自分の会社の課題から始まり、それに対応したユニークな解決策を考えていくというプロセスなので、その内容は当然、千差万別となります。100の会社があれば100の、1000の部門があれば1000の経営戦略が出てくるということです。1つも同じではない。

「戦略立案は応用問題である」と、常々指摘する所以です。

◆持てる経営資源から戦略を繰り出す

このような展開が前提となると、経営学や経営戦略論、組織論、マーケティングなどのいわゆる経営セオリーはどのように活用できるのか、あるいはできないのか。

この本では、マイケル・ポーターの競争戦略論とそれ以降の代表的な戦略セオリーのいくつかを論じてきました。

ここまでで、しっかり紹介していなかったのが「リソース・ベースト・ビュー」と呼ばれるセオリーです。「リソース」とは「資源」の意味で、ここでは「経営資源」のことです。「経営資源を軸にした視座」から経営戦略を見るというものです。

経営戦略を発生させることができ、かつ規定してしまう経営資源というものが考えられるという内容ですが、ジェイ・バーニーは次のように述べています。

これらの経営資源は一般に次の4つのカテゴリーに分類されている。

①財務資本
②物的資本
③人的資本
④組織資本

（ジェイ・B・バーニー『企業戦略論』上巻、ダイヤモンド社、2003年）

そして各企業固有の経営資源により、それぞれが経営戦略を繰り出す時、その戦略の有効性については次の4つの問いにより検証すればよいとしました。この4つの問いのことを、「VRIOフレームワーク」といいます。

- **経済価値（value）**：自社の経営資源には外部環境の脅威や機会に適応できるか
- **希少性（rarity）**：そんな経営資源を持っている競合は少ないだろうか
- **模倣困難性（inimitability）**：まだ持っていない競合が、その経営資源を模倣するのはたやすいことなのか
- **組織（organization）**：その戦略を実践するための組織的方針や手続きは整っているか

私は、現在までに主張されてきた主要な経営戦略論の中で、このように構成されたリソース・ベースト・ビューに一番納得感を覚えます。

「自社が現在保有している経営資源から経営戦略を繰り出せ」

この主張には背伸びがありません。

あなたが思いつくことのできる経営戦略というのは、自社の身の丈に合ったものになる。「業界1位を目指せ」とか「戦いのない海面に出よう」などというアジテーションでもない。それ以前の多くの戦略論が無意識に想定していた、経営資源に恵まれている大企業だけのものでもない（大企業のほうが実業界ではとても例外的な存在であることは繰り返し指摘してきました）。

そして、各社が自社にある経営資源を基本として経営戦略をひねり出すわけですから、それぞれに異なってくる。

「経営戦略とは応用問題である」という、私の実践からの感慨とも強く一致します。

この「経営資源立脚の戦略立案論」ともいうべき「リソース・ベースト・ビュー」に、この本で何度も取り上げた「創発戦略」の立場を加えたものが、実際（現場で）の経営戦略に一番有効な技法となると思っています。

「創発戦略」とは「走りながら考え、走りながら膨らませ、走りながら訂正する」ということでした。私はまさにこのスタイルを踏襲してきたのです。

3 「資源発展対応型の創発戦略」が最も有効

しかし、創発戦略的な実践を体験してきてみると、バーニーなどの経営資源に軸足を置いたリソース・ベースト・ビュー論にもまだ実際とそぐわない点があることを感じます。

それは、

「経営資源は時間とともに追加されるなど変容するので、それに立脚して繰り出される経営戦略のほうも改訂されていかなければならない」

というものです。

改訂は、まず戦略策定の後、早々の段階で一度生じます。

◆初動シナリオは時間とともに追加修正されていく

創発戦略は、ある時点での状況を切り取ってシナリオ・ライティングを走らせることから始まるわけです。意図的戦略の場合は、「戦略ありき、それに従って事業展開が始まる」というものですが、創発戦略の場合はすでに進行しているビジネスのどこかの時点で誰かが考えます。世の中のビジネスの大部分は、しっかり計画された経営戦略などないままに走り出しているわけですから、走っているところを一度立ち止まって考えるといったイメージです。

この最初に言語化される戦略パッケージを時間軸上の表現でとらえると「初動戦略」と名づけることができます（「課題解決型の戦略」「シナリオ・ライティング」などは異なる切り口による用語使いで、別のものではありません）。

私の場合、新しい会社に着任してから「初動戦略」を策定するまで、3か月くらいを目安にしていました。「初動戦略」としては、シナリオの骨格だけが示されるような粗々のものが想起提出されるはずです。

そしてこの初動シナリオは、時間軸の進行とともに生成発展していきます。「初動戦略」そのものも「キャッチボールで膨らませ」て形成されてきたのです。それが一度形成された後でもキャッチボールが止まるわけではありません。時間軸の進行とともに、担当マネジャーとの戦況分析ダイアローグ（対話）や対応策の検討などが続きます。それにより、「初動戦略」のシナリオは補訂されて、つまり膨らんでいくわけです。膨らんでいくとともに、細かな経営行動も追加されていきます。

「こうなったから、あれもやろう。これもやっておかねばならない」

ということになります。「初動戦略」はこんな過程を通して補訂されるだけでなく、緻密化されていきます。シナリオの展開が豊かになり、そしてより細部にわたっていくのです。「戦略概念に関するキャッチボール」というのは、戦略立案者と誰か（典型的には担当マネジャー）の間で、つまりヒトとヒトの間で交わされます。しかし、ここで交わされる「ボール」（つまり検討内容）とは、顧客の反応だったり自社内での新しい状況だったりするわけです。経営戦略用語でいえば、「外部環境」や「内部環境」の進行や変化が話され、それへの対応策（補訂戦略シナリオ）が進行します。

「初動戦略」のシナリオがどのように深化整備されていくか。担当マネジャーとの概念のキャッチボールを進めていくことによって、当初は稚拙で単純だったシナリオが豊かに整備されていくこともあるし、何より実際のビジネスの進行によってさらに具体的で豊かなイメージが涌いて、言語が追加されていくのです。

この過程で最も強化されていくのは、シナリオ・ライティングの中でいう「解決策」に付随する「解決策説明カード」でしょう。

それが増えたり膨らんだりしていくという形で現れます。具体的な戦術がどんどん見えてくるからです。また立ち上がってくるリスクの姿もしっかり見通せるようになるので、「派生問題と対処カード」もさらに具体的かつ詳細に表現できるようになります。

シナリオは追加強化されるだけでなく、「初動戦略」としてロールアウトしてみると実際のビジネス状況によって訂正、あるいは部分的に書き直されるべきところも通常は見えてきます。初期の段階で戦略シナリオの不整合が見え、それを改善しておくこともちろん有用なことです。

これらの結果、「初動戦略」を書いてから数か月すると、改訂・追加などがひと通り出そろってきます。この段階で一度シナリオ全体を見直し、改訂しておくことは意味があります。それを「創発戦略の初動時改訂」と呼ぶことにします。いわば戦略シナリオの〝バージョン1・5〟ということです。

それではいつ、「初動時改訂」の後に創発戦略を大きく改訂すべきなのでしょうか。つまり、〝バージョン2・0〟へと進めるタイミングのことです。

ビジネスの状況変化に応じて柔軟に戦略を常時見直すというのは建前論で、実際にはそんなに高い頻度で経営戦略を手直しできるものではありません。また、半年ごと、1年ごとなど定期的な見直しを課すことも実際的ではありません。

というのは、そのタイミングで外部や内部の状況があまり変わっていなければ、空しい改訂行為になってしまうからです。

バーニーたちがいう「経営資源」に該当するもので、新たに「見るべきもの」といえるほど顕著な追加・獲得があった時に次の改訂をするのがよいのです。

この生成発展という認識がバーニーたちのリソース・ベースト・ビューにはありません。

◆経営資源が補強された段階で新しい経営戦略が模索される

ユニクロの事例で再び考えてみましょう。

第6章の「ユニクロは新しいビジネス・モデル」のところで、ユニクロが送り出してきたヒット商品を列挙しました。

フリース
カシミヤセーター
ヒートテック
ブラトップ
990円ジーンズ

私が重要だと思うことは、これらの大ヒット商品が「経営資源の同じ段階」の元で連発されてきたわけではない、ということです。これらを世に送り出す前提として、ユニクロでは時代的な節目節目で大きな「新しい経営資源の獲得」を果たしています。その相関を図表8-2に示します。

1994年に100店舗を達成して、広島取引所にも上場しました。バーニーがいう4つの経営資源の中で①**財務資本**を充実させたユニクロは、中国での生産拠点を確保し、現在に至る

8-2　ユニクロにおける経営資源の獲得と経営達成の関係

年	経営資源の獲得	経営達成
1994	広島証取に上場	100店達成
96	中国に生産拠点確保	ＳＰＡ（製造小売り）体制の樹立
97	東証２部上場	300店達成
98	ＳＣＭ（サプライ・チェーン・マネジメント）強化	フリース200万枚（2000年に2600万枚）
99	東証１部に上場変更	
2000	東レと繊維開発で提携	
01	白井恵美がマーチャンダイジング部に異動	
03		カシミヤセーター30万枚
05		ヒートテック（2008年には2800万枚）
08		ブラトップ（2009年には900万枚）

出典：「ウーマン・オブ・ザ・イヤー2009」日経WOMAN Online　Woman of the Year ヒストリー、「ユニクロ　柳井イズムはトヨタを超えるか」日経ビジネス、2009年６月１日号、ファーストリテイリング社ＨＰサイトをもとに作成。

ＳＰＡ（製造小売り）モデルを構築します。こちらのモデルは④**組織資本**として温存されます。

１９９７年から１９９８年にかけては、東証２部に上場していよいよ拡充した「財務資本」をバックにサプライ・チェーン・マネジメント「組織資本」を強化し、それによりフリースの初年度２００万枚販売を達成します。

フリースそのものは商品ですので、バーニーがいう②**物的資本**が体現されてきたというべきでしょう。この後に連発されたヒット商品の意味も、同じことです。

販売とはすなわち供給ということでもあります。初年度の枚数もいきなり大量でしたが、翌々年には２６００万枚も売り上げたのですから、サプライ・チェーン・マネジメントという「組織資本」の充実なくしては達成できなかったはずです。

2000年には重要な戦略的提携であった東レとの繊維開発による本格提携を実現します。資本関係こそ発生させませんでしたが、その後両社は協力してユニクロが連発したヒット商品を素材面から支えることになります。これは外部の会社ではありますが、「組織資本」ということができるでしょう。

2003年以降の婦人もののヒット商品の連発には、白井恵美というマネジャーの着任が深く関わっています。白井は2001年にマーチャンダイジング部に着任し、その後ウィメンズ・マーチャンダイジング部を設立、インナー事業部長や執行役員を歴任しましたが、ユニクロにおける女性もののメガ・ヒットは彼女の登場以降のことなのです。白井がユニクロにとって、③**人的資源**であることがわかります。

これらユニクロで出現、あるいは強化された様々な「経営資源」がVRIOフレームワークの（少なくとも1つ以上の）要因を満たしている。それでユニクロが構築してきた経営モデルが「新しいビジネス・モデルである」ということがわかります。

おもしろいことに、「経営資源」が補強されると、その段階で新しい経営戦略を模索するので、事業ベースでの失敗が起こるのも同じ時期となりやすい。1997年に東証2部に上場して「財務資本」を強化したユニクロは、スポクロなる店舗を展開してすぐ撤退したり、カタログ販売やインターネット販売を開始しました。

しかし、実店舗の大成功に比べると……という状態でした。1999年には東証1部に上場変えし、翌2000年には東レとの正式提携も果たし、「いよいよ」と力が入ったのでしょうか。2002年にはトマト販売を始めたりもしました。玉塚元一氏を社長に昇格させたのもこの年ですが、2005年には早くも解任してしまいます。ちょっと「右往左往」といった動きが観察されました。

ユニクロで見られるように、企業というものは新しい「経営資源」を獲得するとその時点で経営戦略の新しい選択や再構成が可能になります。戦略の立案が先にあり、それに基づいて「経営資源」を準備するという、幸せで余裕のある事例は少ないと思います。

ユニクロは2009年に、「2020年には世界中で売上げ5兆円を目指す」という大きな目標を発表しました。その実現性はともかく、1984年に小郡《おごおり》商事社の柳井正社長がユニクロの第1号店を広島市に開設した時、世界中で5兆円を売り上げるという目標と、それに至る25年間の経営戦略などを持ち合わせていたのでしょうか。

そんなことはないはずです。事業が発展し、それに伴って持っていなかった経営資源が加わる、するとその経営資源に応じた経営戦略をその時点で組み直してみる……それが企業発展の実態です。

ですから、企業が経営戦略の立案や改訂を最も効果的に実践できる方法というのは、「資源発展段階対応型の創発戦略」と名づけるべきものだと思っています。事業の発展に伴って、それまで持っていなかった経営資源が加わる、そうするとその新しく獲得した経営資源に応じた経営戦略をその時点で組み直してみる、それが次の段階での発展に寄与する……大きく業績を伸ばしてきた企業の実態を振り返ってみると、このようなことが観察されます。

そういうわけで、この「資源発展段階対応型の創発戦略」こそが企業の業績を伸ばすための有効な経営戦略であると思うのです。

私はこれを、「ＰＳＲＤモデル（Progressing Strategy by Resource Development）」と、名づけています。直訳すると、「経営資源の発展段階に伴って進化前進する経営戦略」となります。まあ、「リソース・ベースト・ビュー（Resource-Based View）」の分派ではあるのですが。

4 後は実践責任でしょう

フィリップスライティング社の業績は、「再生」と呼ぶにふさわしいほど改善していきました。しかし、やがて香港にいた上司のデビット・ハミルとの関係に軋轢《あつれき》が生じ、私はミード社の社長に転出することとなりました。

◆1億2000万円の経営戦略

ミード社に出社して社長室の書類を整理していたら、キャビネットの目立たないところから英語の分厚いファイルが転がり出てきました。2穴の特注のバインダーで厚さが8cmもありました。

タイトルを見ると、当社の中期経営戦略とあります。それを作成提出したのは、著名な経営戦略系の外資コンサルタント会社でした。提出された日付は4、5年前となっています。

ひと通り目を通して、管理本部長を呼びました。手にした戦略提言書を示して、

「これを知っている?」

と尋ねると、うなずきました。

「それでは、これにいくら払ったか知っていますか?」

と聞きました。

「1億2000万円です」

管理本部長は淡々と答えました。出費決済については、少なくとも彼の責任ではありません。しかし、1億2000万円! 年間売上高が40億円強の会社でその出費。まあ、いくらかかろうが、相対効果が出ればいい。しかしそれから数日して同じ人の口から報告を受けたのが、

「上半期の経常赤字は、売上げの20%を超えた模様です」

というものだったのです。

◆立てられた経営戦略を実践するのは経営者

コンサルタント会社が、私の前々任社長にどんな経営戦略を提言したかって? 報告書の前半は例によって、第3章で紹介したいくつものフレームワークを駆使して、「分析」し尽くしていました。それから、興味深い提言をしています。

この戦略提言があった後、ミード社は私が着任するまで深い淵に沈み込んでいきました。それは事実です。

しかし、私は別にこのコンサルタント会社が提出した戦略提言を非難したりするつもりはありません。というのは、経営戦略を実践するのは事業会社側の経営者だからです。

経営戦略は、金を払えば（高い金を払えば）買えます。作ってもらえるという意味ですが。「作ってもらえる」といっても、コンサルタント会社からは数名以上のチームが数か月にわたって送り込まれ、当社側のマネジャーは「ヒアリング」にイヤというほどつき合わされて……という苦痛が多いプロセスを経なければなりません。そして提言がやっと出てくるのは、初めて顔合わせしてから半年後以降というのが通常でしょう。

コンサルタントは、発注された経営戦略の提言書をまとめて提出してしまえば、その責務は完了します。一方、残された経営者は（その提言書に納得がいけば）粛々としてそれをロールアウト（実践展開）する責務が残ります。

でも、それが大変で、それこそが肝心なわけです。

この本での私の戦略策定ステップでいえば「派生問題と対処」にあたる部分。戦略を導入しようとすると必ず組織には力学的、あるいは化学的な反応が起こります。それは小さくても波紋、普通は抵抗や痛みという形で現れます。そのようなものを断固排除してまで、その経営戦略を貫徹しなければならないのか。

結局、当事者である経営者や部門長の「覚悟」の問題だと思います。

自分が預かった組織の業績を改善・回復させるということに対して、どれだけの切迫感や必要性を感じているのか。創業経営者の多くはその執念を持っています。2代目以降のオーナー経営者も「自分の会社」ですから、思い入れがあるでしょう。下から上がってきたサラリーマン社長や、従業員という立場の部門長の場合はどうでしょうか。

私の場合、私を突き動かし、背中を押してくれた要因が2つありました。

1つは「責任感」です。普通、経営者の責任感というと、

「当社で働いてくれている100人の社員たち、その家族まで入れれば400人ほどの生活と幸福が自分の肩にかかっている」

などと認識される方も多いかと思います。私の場合は、それもあるかもしれませんが、もっと直接的に、自分の俸給に対しての責任感でした。

「自分はこの会社で一番高い給料をもらっている。それは飛び抜けて高いものだ。それに見合う仕事をしなければならない」

というものでした。皆さんはどうでしょう?

もう1つは、仕事に対する美学とでもいうものです。それは若い頃からそうでした。「このポジションを担当したからには、他の誰がやるよりも自分のほうがうまくやることを実証したい、見せたい」

というように表現できるかと思います。そしてその業務を一番うまくこなすためには、と考え、ビジネスや経営に関する勉強も人一倍したつもりです。

美学や価値観については人それぞれでよいと思います。しかし経営者や部門責任者には自分が預かったチーム、組織があるわけです。私たちに課せられた責務は、そのアウトプットを最大化することに他なりません。

経営責任とは結局、実践責任なのです。よい経営戦略を考え、それを徹底的に導入実践する。それができなければ、経営者ではなく評論家という誹りを受けてしまうことでしょう。

皆さんと、皆さんの会社の益々のご発展を祈念して筆を擱《お》きます。どうぞお元気でお過ごしください。

あとがき

本書でケースとして紹介させてもらったフィリップスライティング社は、その後河北工場がMBO（マネジメント・バイアウト）により、河北ライティングソリューションズ株式会社として独立、切り離されました。フィリップス照明器ビジネスの大部分はヨーロッパからの輸入販売として残り、日本フィリップス社の照明機器事業部が活発に継続しています。

最後に本書を出版するにあたりご尽力をいただいた日本実業出版社編集部と、私が経営の第一線を退いた後に経営コンサルタントとして活動できるまでにご指導いただいたインサイトラーニング株式会社、箱田忠昭社長に篤くお礼申し上げます。

山田　修

* Miller, G. A., The Magical Number Seven, Plus or Minus Two: Some Limits on Our Capacity for Processing Information, Psychological Review, 63, 81-97（1956）
* Mintzberg, Henry, Managing, Berrett-Koehler Publishers, 2009（池村千明訳『マネジャーの実像』日経ＢＰ社、2011年）
* Mintzberg, Henry, et.al., Strategy Safari: A Guided Tour Through the Wilds of Strategic Management, Free Press, 1998（齋藤嘉則監訳『戦略サファリ』東洋経済新報社、1999年）
* 沼上幹『経営戦略の思考法』日本経済新聞出版社、2009年
* Nonaka, Ikujiro, et.al., The Knowledge-Creating Company, Oxford University Press, 1995（梅本勝博訳『知識創造企業』東洋経済新報社、1996年）
* Porter, Michael E., Competitive Strategy, Free Press, 1980（土岐坤他訳『競争の戦略』ダイヤモンド社、1982年）
* Porter, Michael E., The State of Strategic Thinking, The Economist, May 23, 1987.
* Porter, Michael E., From Competitive Advantage to Corporate Strategy, Harvard Business Review 65, no. 3 ,May - June 1987.
* Prahalad, C. K., and Gary Hamel, Competing for the Future, Harvard Business School Press, 1994（一條和生訳、『コア・コンピタンス経営』日本経済新聞社、1995年）
* 山田修『タフ・ネゴシエーターの人を見抜く技術』講談社、2001年
* 山田修「【成長戦略】経営者が本気になれば会社は必ず復活する」『プロフェッショナルリーダーの教科書』（経営者ブートキャンプ編）東洋経済新報社、2011年

参考文献

* 馬場杉夫「戦略形成プロセスにおけるマネジメントの役割」『経営戦略論　経営学イノベーション2』十川廣國編著、中央経済社、2006年
* Barney, Jay, Gaining and Sustaining Competitive Advantage, 2nd Edition, Prentice Hall, 2002（岡田正大訳『企業戦略論—競争優位の構築と持続』ダイヤモンド社、2003年）
* Brandenburger, Adam M., and Barry J. Nalebuff, Co-opetition, Doubleday Business, 1996 （嶋津祐一訳『コーペティション経営』日本経済新聞社、1997年、『ゲーム理論で勝つ経営 競争と協調のコーペティション戦略』日本経済新聞社、2003年）
* Chandler, Alfred D., Strategy and Structure, The MIT Press, 1962（有賀裕子訳『組織は戦略に従う』ダイヤモンド社、2004年）
* Christensen, Clayton M., The Innovator's Dilemma, Harvard Business School Press, 1997 （伊豆原弓訳『イノベーションのジレンマ』翔泳社、2000年）
* Drucker, Peter F., The Practice of Management, Harper & Row, 1954（現代経営研究会訳『新しい社会と新しい経営』、ダイヤモンド社、1957年）
* 福田秀人『リーダーになる人の「ランチェスター戦略」入門』東洋経済新報社、2009年
* 箱田忠昭・松茂幹『成功するデジタル・プレゼンテーション』日本経済新聞社、2001年
* 河合忠彦『ダイナミック戦略論』有斐閣、2004年
* Kim, Chan W., and Renee Mauborgne, Blue Ocean Strategy, Harvard Business School Press, 2005（有賀裕子訳『ブルー・オーシャン戦略』ランダムハウス講談社、2005年）
* 楠木建『ストーリーとしての競争戦略』東洋経済新報社、2010年

✧無料プレゼント✧

第７章で使用した発表用スライド作成テンプレート（パワーポイント）を下記のURLから無料でダウンロードできます。

また、本書で使った「戦略カード」も同じURLから注文できます。

パソコンからアクセスしてください。

http://www.kjpclub.jp/tokuten

山田　修（やまだ　おさむ）

1949年生まれ。インサイトラーニング（株）副社長、（有）MBA経営代表取締役。経営者に戦略を立案してもらう「経営者ブートキャンプ」（http://www.keieisha.jp/kbc/）を主宰・指導。

学習院大学卒、同大学院修了。サンダーバード国際経営大学院MBA。法政大博士課程。ポントデータジャパン（イギリス）、王氏港建日本（香港）、フィリップスライティング（オランダ）、ミード ウェストベーコ（アメリカ）の外資4社、日本企業2社で社長を歴任、「企業再生経営者」と評された。元サンダーバード准教授。国際戦略経営研究学会員。『あなたの会社は部長がつぶす！』（フォレスト出版）など、著書多数。

E-mail : yamadao@eva.hi-ho.ne.jp

6社《しゃ》を再生《さいせい》させたプロ経営者《けいえいしゃ》が教《おし》える

〈超実践的《ちょうじっせんてき》〉経営戦略《けいえいせんりゃく》メソッド

2011年9月1日　初版発行

著　者　山田　修

発行者　杉本淳一

発行所　株式会社日本実業出版社　東京都文京区本郷3－2－12 〒113-0033
大阪市北区西天満6－8－1 〒530-0047

編集部　☎03-3814-5651
営業部　☎03-3814-5161　振　替　00170－1－25349
http://www.njg.co.jp/

印刷／壮光舎　製本／共栄社

この本の内容についてのお問合せは、書面かFAX（03－3818－2723）にてお願い致します。
落丁・乱丁本は、送料小社負担にて、お取り替え致します。

ISBN 978-4-534-04860-8　Printed in JAPAN